교회란 무엇인가?

교회란 무엇인가?

초판 1쇄 발행　　2024년 12월 10일

지은이　　　김덕종
펴낸이　　　신은철
펴낸곳　　　좋은씨앗
출판등록　　제4-385호(1999. 12. 21)
주소　　　　서울시 서초구 바우뫼로 156(MJ 빌딩), 402호
주문전화　　(02)2057-3041
주문팩스　　(02)2057-3042

www.facebook.com/goodseedbook

ISBN 978-89-5874-406-1 04230

ⓒ 김덕종 2024

이 책의 저작권은 저자와 독점계약한 도서출판 좋은씨앗에 있습니다.
신저작권법에 의하여 보호를 받는 저작물이므로 무단 전재와 복제를 금합니다.

20
단단한 기독교

교회란 무엇인가?

김덕종

좋은씨앗

차례

추천의 글 • 6

들어가는 글 • 9

✳

1. 교회, 하나님의 백성 • 15
2. 교회, 그리스도의 몸 • 31
3. 교회, 함께 세워져 가는 공동체 • 51
4. 교회, 하나님의 집 • 65
5. 교회, 진리 위에 세워진 공동체 • 79
6. 교회, 흔들리지 않고 성장하는 공동체 • 95
7. 교회, 사랑으로 연결된 공동체 • 111
8. 교회, 하나님의 꿈 • 129

✳

교회에 관한 추천 도서 • 143

• 추천의 글 •

목회를 하면서 책을 쓴다는 것은 결코 쉽지 않은 작업입니다. 학자들이 쓴 서적은 대개는 언어적 고찰이나 현학적 접근에 치중하는 탓에 이론을 딱딱한 문체로 풀어낸다는 한계가 있습니다. 그와 비교해 이 책은 목회자의 눈으로 교회를 바라보고 목회자의 언어로 이야기합니다. 성경을 연구할 뿐 아니라 자신이 경험한 여러 상황과 삶의 경험을 바탕으로 교회에 대한 진리를 편안한 문체로 풀어냈습니다. 저자는 이 책에서 성도가 교회에 대해 잘못 알고 있는 오해들을 바로잡고 교회가 그리스도의 몸 된 공동체로서 어떻게 정체성을 되찾고 건강하게 성장해 갈 수 있는지 차근차근 설명해 갑니다. 특히 마지막 장에 이르러 세계 선교가 저자 자신뿐 아니라 하나님의 비전이자 꿈임을 강조하며 교회가 붙들고 가야 할 마지막 목표로 제시합니다. 책을 읽는 내내 교회를 바라보는 목회자의 따뜻한 마음과 간절함이 느껴졌습니다. 이 책을 읽는 독자에게도 그 마음이 잘 전달되기를 바라며 일독을 권합니다.

최순봉 서울성경신학대학원대학교 총장

교회에 대한 책을 준비한다고 듣고 먼저 읽어보니 늘 그랬듯 조금 더 쉽게, 조금 더 많은 이들이 이해할 수 있도록 책을 쓰려는 저자로서의 고민이 엿보입니다. 이 책은 한마디로, 교회가 직면한 본질적 질문에 대한 답을 찾아가는 안내서입니다. 교회를 향한 비판과 조롱은 늘어가는데 정작 긍지와 격려와 좋은 소문은 사라진 것 같습니다. 이 책을 읽는 내내 교회가 얼마나 아름다운 공동체이며, 그 공동체를 향한 하나님의 꿈이 얼마나 아름다운지를 생각해 보게 됩니다. 지난 몇 년 간 교회를 담임하며 고민하고 기도하며 연구했던 결과가 이 책에 담겨 있습니다. 이 책을 통해 어두운 때에 진리 위에 사랑으로 하나되는 아름다운 교회가 더 많아지기를 소망합니다. 교회란 무엇인지를 진지하게 고민하는 교회와 성도들에게 길잡이가 되기를 바라며 이 책을 기쁘게 추천합니다.

김우종 영암교회 담임목사

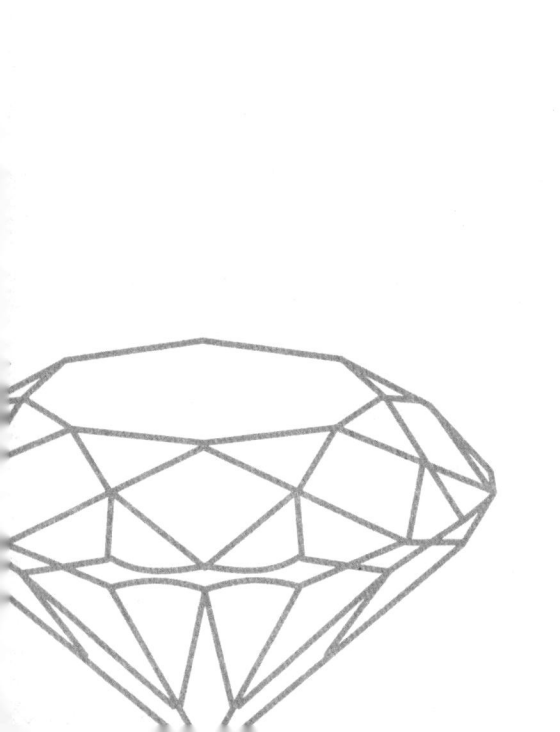

들어가는 글

교회에서 목회자로 섬기다 보니 아무래도 결혼식장에 갈 일이 많은 편입니다. 설레는 마음으로 결혼식장에 가면 먼저 신랑과 혼주분들과 인사를 나누고 다음으로 신부대기실에 갑니다. 교회 지체 여럿이 함께 신부와 사진을 찍을 때면 가급적 신부 옆에서, 그것도 얼굴을 좀 더 신부 쪽으로 가까이 하고 찍으려 합니다. 오해하지 마십시오. 제가 돋보이고 싶어서가 아닙니다. 신부를 돋보이게 하려고 그러는 것입니다. 제 얼굴이 남들보다 유난히 크고 피부가 어두운 편이거든요. 그러니 제가 신부 옆에 있으면 신부가 더욱 빛나 보이지 않겠습니까? 저 하나 망가져서 신부를 돋보이게 하고픈 고귀한(?) 희

생정신이라 치부하고 싶습니다.

　말은 이렇게 하지만, 사실 결혼식장에서 신부를 돋보이게 하기 위해 굳이 이런 노력을 하지 않아도 됩니다. 제가 애를 쓰지 않더라도 결혼식 날 신부는 그 자체로 아름답기 때문입니다. 말 그대로 꽃보다 아름답습니다.

　생각해 보면 결혼식 날 신부는 아름다울 수밖에 없습니다. 결혼식 날짜가 정해지면 많은 예비 신부들이 그날 가장 아름답게 보이기 위해 몇 달 전부터 외모를 가꿉니다. 다이어트를 하고 피부 마사지를 꾸준히 받습니다. 어릴 때부터 꿈꿔 온 드레스를 고르고, 그 드레스와 어울리는 헤어 스타일을 위해 머리를 단정하게 기릅니다. 머리 끝부터 발 끝까지 흠잡을 곳이 없게 관리합니다. 결혼식 당일에는 그러한 노력이 절정에 이릅니다. 결혼식이 오후 1시라면, 신부들은 보통 아침 7시면 메이크업 샵에 도착합니다. 그때부터 소위 신부 화장을 시작합니다. 메이크업 전문가가 신부의 매력이 드러나도록 공들여 화장을 해 주고, 헤어 디자이너가 머리도 아름답게 만져 줍니다. 이 과정이 대개 서너 시간씩 걸리더군요. 거기다 웨딩드레스까지 입으면 세상에서 가장 아름다운 모습의 신부가 됩니다. 이제 결혼식장으로 갈 일만 남았지요.

　이렇듯 아름답게 단장한 신부를 성경에서는 종종 교회에

비유합니다. 한 가지 예를 들자면, 결혼 예배 때 주례사에서 많이 언급되는 다음 본문이 있습니다. 에베소서 5장 22-27절 말씀입니다.

> 22 아내들이여 자기 남편에게 복종하기를 주께 하듯 하라 23 이는 남편이 아내의 머리 됨이 그리스도께서 교회의 머리 됨과 같음이니 그가 바로 몸의 구주시니라 24 그러므로 교회가 그리스도에게 하듯 아내들도 범사에 자기 남편에게 복종할지니라 25 남편들아 아내 사랑하기를 그리스도께서 교회를 사랑하시고 그 교회를 위하여 자신을 주심 같이 하라 26 이는 곧 물로 씻어 말씀으로 깨끗하게 하사 거룩하게 하시고 27 자기 앞에 영광스러운 교회로 세우사 티나 주름 잡힌 것이나 이런 것들이 없이 거룩하고 흠이 없게 하려 하심이라

이 본문은 남편과 아내가 어떤 관계이며, 서로를 어떻게 대해야 하는지 교훈하고 있습니다. 그런데 에베소서 저자는 남편과 아내의 관계를 설명하면서 이를 예수님과 교회의 관계에 비유합니다. 즉, 교회가 그리스도에게 신부 같은 존재라는 것입니다. 여기서 그리스도께서 신부인 교회를 향해 품고 계시는 바가 언급됩니다. 27절에 나오는 대로 "영광스러운 교

회"입니다. 그냥 신부가 아니라 가장 아름다운 모습의 신부입니다. 신부가 가장 아름다운 모습으로 신랑 앞에 서듯, 예수 그리스도께서는 교회가 자기 앞에 영광스러운 모습으로, 가장 아름다운 모습으로 서게 하신다는 것입니다. 27절에서 저자는 그리스도가 품고 계시는 영광스러운 교회의 모습을 구체적으로 묘사합니다.

> 티나 주름 잡힌 것이나 이런 것들이 없이 거룩하고 흠이 없게 하려 하심이라

이 구절에 대해 마틴 로이드 존스 목사님은 이렇게 설명합니다. "그것을 이렇게 표현해 보면 어떨까요? 메이크업 전문가이신 그분이 교회에게 마지막 손길을 더하실 것인데, 그 손길은 너무나 완벽하여 단 하나의 주름이라도 남기지 않으실 것입니다. 신부는 생기 넘치는 발그레한 얼굴과 밝고 깨끗한 피부를 가진 모습으로 한껏 아름다워질 것입니다. 그리고 신부는 영원토록 그 모습으로 남아 있게 될 것입니다."

이런 묘사를 읽으면서 우리는 결혼식장에 선 세상에서 가장 아름다운 신부의 모습을 떠올립니다.

교회는 예수님 앞에서 바로 이런 신부의 모습으로 서야 합

니다. 꽃보다 아름다운 신부의 모습으로 말입니다.

    그러나 안타깝게도 오늘날의 교회는 그렇지 않은 것 같습니다. 꽃보다 아름다운 신부 같다는 말이 차마 나오지 않습니다. 성경에서는 분명히 교회가 영광스러운 그리스도의 신부라고 했는데, 오히려 티나 주름 잡힌 것이 너무 많아 조롱과 비난의 대상이 되곤 합니다. 하지만 현실이 그렇더라도, 교회는 여전히 그리스도의 신부입니다. 꽃보다 아름다운 신부입니다. 앞으로 이 책을 통해 어떻게 교회가 꽃보다 아름다운 신부로 그리스도 앞에 설 수 있는지 살펴보겠습니다.

1. 교회, 하나님의 백성

교회는 건물이 아닙니다

제가 어릴 적부터 다닌 교회는 주택가에 위치해 있었습니다. 교회 마당에 있다 보면, 사람들이 통화하면서 이렇게 이야기하는 것을 심심찮게 들을 수 있었습니다.

"나 지금 ○○교회 앞에 있어, 빨리 나와"

"나 ○○교회 앞에 거의 다 도착했어. 이제 어디로 가면 돼?"

여기서 사람들이 '○○교회'라고 할 때 '교회'는 무엇을 말하는 걸까요? 여기서 교회란 특정한 장소에 있으면서 '○○교회'라는 간판이 걸린 하나의 건물을 의미합니다. '교회'라고 하면 사람들은 보통 꼭대기에 십자가가 세워진 특정한 건물을 떠올립니다.

교회에 다니는 성도들 역시 많이 다르지 않습니다. 주일 오전에 예배하러 들어가는 특정 건물 자체가 '교회'라고 대개는 생각합니다. 제가 고등학생이던 시절 어느 토요일이었습니다. 당시 고등부 회장이었던 저는 다른 임원들과 함께 고등부 예배실을 꾸미고 있었습니다. 예배실 한쪽 벽이 좀 밋밋해 보여서 액자를 하나 걸기로 했습니다. 사다리를 딛고 올라가 벽에 콘크리트 못을 박기 시작했습니다. 못질로 쾅쾅거리는 소리를 들으셨는지, 갑자기 예배실 뒷문이 벌컥 열리고 연세 지긋하신 장로님이 뛰어 들어오셨습니다. 그러고는 저희를 향해 다짜고짜 화를 내셨습니다.

"아니, 나이도 어린 녀석들이 어디 함부로 하나님의 성전에 못질을 하는 거야!"

이날 저뿐만 아니라 함께 있던 학생 전부가 장로님께 무진장 혼났습니다.

교회에 다니는 사람들도 '교회'라고 하면 자신이 출석하고 있는 교회 건물을 떠올립니다. 여기서 더 나아가 교회 건물을 구약시대의 성전처럼 여기는 성도들도 있습니다. 건물 자체를 신성시하게 되는 것도 이 때문이지요. 물론 교회 건물은 소중하게 여겨야 합니다. 우리가 함께 모여 하나님을 예배하는 장소이기 때문입니다. 교회는 성도들의 귀한 헌금으로 지어진 건물입니다. 그러니 소중히 아끼고 다뤄야 합니다. 그러나 교회 건물이 아무리 소중하다 하더라도, 교회 건물이 교회 자체를 의미하진 않습니다. 더 나아가 교회 건물이 구약시대의 성전과 같은 의미를 가지지도 않습니다. 고린도전서 1장 2절 말씀을 보겠습니다.

> 고린도에 있는 하나님의 교회 곧 그리스도 예수 안에서 거룩하여지고 성도라 부르심을 받은 자들과 또 각처에서 우리의 주 곧 그들과 우리의 주 되신 예수 그리스도의 이름을 부르는 모든 자들에게

고린도전서는 사도 바울이 고린도 교회에 쓴 편지입니다. 1장 2절에서 바울은 이 편지의 수신자가 "고린도에 있는 하나님의 교회"라고 밝히면서 이 하나님의 교회가 누구 또는 무엇인지 설명합니다. 고린도 교회는 고린도 시 ○○구 ○○동에 위치한 특정 건물이었을까요? 그렇지 않습니다. 바울이 구체적으로 설명하는 교회란 무엇일까요?

첫째, 교회는 "그리스도 예수 안에서 거룩하여지고 성도라 부르심을 받은 자들"입니다. 둘째, 교회는 "각처에서 우리의 주 곧 그들과 우리의 주 되신 예수 그리스도의 이름을 부르는 모든 자들"입니다. 바울은 자신이 편지를 쓰고 있는 대상인 "고린도에 있는 하나님의 교회"가 특정한 장소에 위치한 특정한 건물이 아니라 주 되신 예수 그리스도의 이름을 부르고 성도라 부르심을 받은 자들 모두를 가리킨다고 설명합니다. 고린도전서 3장 16절에서도 바울은 이와 비슷한 관점을 드러냅니다.

> 너희는 너희가 하나님의 성전인 것과 하나님의 성령이 너희 안에 계시는 것을 알지 못하느냐

여기서 바울은 고린도 교회 성도들이 알아야 할 사실이 있다고 강조합니다. 그것이 무엇입니까? 바로 너희, 즉 고린도 교회 성도들이 "하나님의 성전"이라는 것입니다. 교회는 고린도 지역에 세워진 건물이 아닙니다. 교회는 예수님을 믿는 모든 성도입니다. 성도 한 사람 한 사람이 교회이자 성전입니다. 성도 한 사람 한 사람이 모여 공동체로서 교회를 이룹니다.

예전에 '교회당'이나 '예배당' 같은 표현을 사용한 적이 있

는데, 바로 이 때문입니다. 사람들이 보통 '교회'라고 부르는 건물은 교회인 성도들이 모이는 장소로서 '교회당'이라 불러야 합니다. 교회인 성도들이 모여 하나님에게 예배드리는 장소는 '예배당'으로 불러야 합니다. 성도들이 모이는 건물 자체가 교회는 아닙니다.

왜 성도가 교회입니까

이쯤 되면 떠오르는 질문이 하나 있습니다. 대체 왜 성도들이 교회이자 성전일까요? 왜 하나님은 성도들을 교회이자 성전으로 여기실까요? 이 질문에 답하기 위해서는 성경에 나타나는 교회의 역사를 살펴보아야 합니다.

　구약시대 이스라엘 백성은 출애굽한 후 40년 동안 광야에서 살았습니다. 광야 생활 초기에 이스라엘 백성은 하나님의 명령에 따라 성막을 지었습니다. 성막은 하나님에게 제사를 드리는 곳입니다. 이스라엘 백성은 한 곳에 정착하지 않고 광야에서 계속 이동하며 지내야 했기에 설치와 해체가 가능하고 이동이 용이한 천막을 지어 그곳에서 하나님에게 제사를 드렸습니다.

　이스라엘 백성이 가나안 땅에 정착하고 왕의 통치 아래

살기 시작했을 때 비로소 우리가 성전이라 부르는 건물이 세워집니다. 하나님을 누구보다 사랑했던 다윗 왕은 하나님을 위해 성전을 건축하고 싶어 했습니다. 하나님이 다윗 손으로 건축하기를 허락하지 않으시자 그 대신 다윗은 성전 건축을 위한 모든 준비에 최선을 다했습니다. 결국 다윗의 아들인 솔로몬 왕이 아버지의 뜻을 따라 7년에 걸쳐 예루살렘에 성전을 건축했습니다.

솔로몬 왕이 세운 예루살렘 성전이 영원히 무너지지 않고 그 자리를 지킨 것은 아니었습니다. 이 성전은 이스라엘이 바벨론에 의해 멸망당할 때 파괴되고 맙니다. 그 후 포로로 끌려갔던 이스라엘 백성이 돌아왔을 때 스룹바벨의 지휘 아래 성전이 다시 세워집니다. 이 이야기는 구약성경 에스라서에 잘 나와 있습니다.

신약 성경에 등장하는 예루살렘 성전은 분봉왕 헤롯이 세운 성전입니다. 유대인이 아니었던 헤롯은, 신앙심 때문이 아니라 단지 유대인들의 환심을 사기 위해, 기존의 스룹바벨이 재건했던 예루살렘 성전을 증축했습니다. 헤롯은 이전보다 규모도 더 크고 화려한 성전을 원했습니다. 덕분에 이 성전 건축 사업은 장기 프로젝트가 되었습니다. 솔로몬 성전이 7년 만에 완공된 반면, 이 성전이 완공되는 데는 무려 46년이나 걸렸으니까요(참조, 요 2:20). 하지만 이 성전도 결국 주후 70년에 로마 군대에 의해 파괴됩니다.

요한복음 2장에는 이 성전과 관련해 생각해 볼 장면이 등장합니다. 어느 날 예수님이 예루살렘으로 올라가셨습니다. 때마침 유월절 기간이라 성전 안은 시끌벅적했습니다. 소와 양과 비둘기를 파는 사람들과 돈을 바꿔주는 사람들로 북적거렸기 때문입니다. 이들은 예루살렘 성전에 제사를 드리러 오는 유대인들을 상대로 제물로 바칠 짐승들을 팔고 환전을 해 주는 과정에서 폭리를 취했습니다.

이 광경을 보신 예수님은 노끈으로 채찍을 만들어 휘두르시면서 양과 소를 다 성전에서 내쫓으시고 돈 바꿔주는 사람들의 돈을 쏟고 상을 엎으시면서, 하나님의 집을 장사하는 집으로 만들지 말라고 하셨습니다. 우리가 흔히 생각하는 온유한 이미지의 예수님과는 상당히 다른 모습입니다.

이것을 본 유대인들이 예수님께 따지듯이 물었습니다. "당신은 무슨 권리로 이런 일을 하시오? 그만한 권리를 가졌다면 이것을 입증할 만한 기적을 우리에게 보여 주시오"(요 2:18, 현대인의성경). 예수님이 대답하십니다. "너희가 이 성전을 헐라. 내가 사흘 동안에 일으키리라." 예수님의 이 대답을 들은 유대인들은 황당할 따름이었습니다. 아니, 예수님이 램프의

요정 지니도 아니고, 46년 동안 건축해 겨우 완공한 성전을 3일 만에 다시 짓겠다니요? 유대인들이 어이없어한 것도 어찌 보면 당연합니다.

하지만 당시 유대인들이 이해하지 못한 부분이 있었습니다. 예수님이 성전을 헐라고 하셨을 때 염두에 두신 성전은 그들 눈앞에 보이는 성전이 아니었습니다. 서로 생각하는 성전이 달랐기에 예수님이 하신 말씀의 진정한 의미를 이해하지 못한 것입니다. 요한은 이에 대해 이렇게 기록하고 있습니다. "예수는 성전 된 자기 육체를 가리켜 말씀하신 것이라"(요 2:21). 예수님이 헐라고 하신 성전은 예수님 자신의 육체였습니다. 예수님은 자신이 십자가에서 죽으시고 3일 만에 부활하실 것이라는 사실을 미리 말씀하신 것입니다. 예수님의 십자가 죽음과 부활이 바로 유대인들을 향한 진짜 표적이었습니다. 제자들은 예수님이 부활하시고 나서야 이 말씀의 진정한 의미를 깨닫게 됩니다.

이 사건을 통해 예수님이 하고자 하신 말씀은 분명합니다. 바로 예수님이 성전이라는 것입니다. 그동안 이스라엘 백성에게 성전은 하나님께 제사를 드리기 위해 구별된 건물이었습니다. 이스라엘 백성은 하나님을 예배하기 위해 특별히 성전에 모였습니다. 그런데 예수님은 자신이 곧 성전이라고 하십니다.

그렇다면 여기서 다시 질문을 던져 봅시다. 왜 예수님이 성전이 되시나요? 예수님이 성전이 되신다는 것은 무슨 의미가 있나요? 이 질문에 답하기 위해서는 구약에서 성막과 성전이 어떤 의미를 가지고 있는지를 살펴봐야 합니다.

출애굽기 40장으로 가보겠습니다. 출애굽기 40장에는 이스라엘 백성이 하나님의 말씀에 순종해 처음 성막을 세운 이야기가 기록되어 있습니다. 출애굽 후 둘째 해 첫째 달 첫날에 성막이 다 세워졌습니다. 처음 성막이 세워졌을 때 성막에서 어떤 일이 벌어졌는지가 출애굽기 40장 34-35절에 나옵니다.

> 34 구름이 '회막'에 덮이고 여호와의 영광이 '성막'에 충만하매 35 모세가 '회막'에 들어갈 수 없었으니 이는 구름이 '회막' 위에 덮이고 여호와의 영광이 '성막'에 충만함이었으며

이 말씀을 잘 살펴보면 흥미로운 부분이 하나 발견됩니다. 동일한 대상을 놓고 두 가지 단어가 사용된다는 점입니다. 34절과 35절에 반복해 사용되는 단어가 있지요? 바로 회막과 성막입니다. 회막이나 성막이나 같은 대상을 가리키는 말

입니다. 두 단어 모두 이스라엘 백성이 하나님께 제사를 드리던 천막을 의미합니다. 그런데 출애굽기 저자는 구름이 덮일 때는 천막을 가리켜 '회막'이라 쓰고, 하나님의 영광이 충만할 때는 천막을 가리켜 '성막'이라 씁니다. 이를 통해 우리는 성막과 성전이 가지는 두 가지 상징과 의미를 확인할 수 있습니다.

먼저 성막(聖幕)은 거룩한 천막, 즉 하나님의 영광이 충만한 곳입니다. 하나님은 어디에나 계시지만 특별히 성막 가운데 임재하셔서 자신의 영광을 드러내십니다.

두 번째로 회막(會幕)은 모이는 천막, 즉 만나는 곳입니다. 영어성경에서 회막은 'the tent of meeting', 즉 만남의 천막이라고 번역합니다. 누가 모이고, 누가 만나는 곳입니까? 하나님과 이스라엘 백성이 모여 만나는 곳입니다. 이스라엘 백성이 하나님께 나아가고 하나님이 이들에게 오셔서 만나는 장소가 바로 회막입니다.

예수님이 성전이 되신다는 말씀에는 바로 이 두 가지 의미가 모두 담겨 있습니다. 먼저, 예수님이라는 성전 안에 하나님이 임재하십니다. 성전은 하나님이 임재하시는 영광스러운 장소입니다. 예수님은 곧 하나님이십니다. 예수님은 영광의 하나님이 직접 이땅에 육신으로 오신 분입니다. 이보다 더 확실한 임재의 방법은 없습니다.

둘째로, 예수님이라는 성전 안에서 만남이 이뤄집니다. 성전은 하나님과 이스라엘 백성이 만나는 장소입니다. 구약시대에 이스라엘 백성은 성전에 가서 잠시 하나님을 만날 수 있었습니다. 하지만 오늘날 우리는 다릅니다. 성전 되신 예수님을 통해 언제든 하나님과 만날 수 있습니다. 오직 예수님을 통해서만 하나님을 만날 수 있습니다.

이러한 진리를 아주 극적으로 보여 주는 구절이 히브리서 10장 19-20절 말씀입니다.

> [19] 그러므로 형제들아 우리가 예수의 피를 힘입어 성소에 들어갈 담력을 얻었나니 [20] 그 길은 우리를 위하여 휘장 가운데로 열어 놓으신 새로운 산 길이요 휘장은 곧 그의 육체니라

이 말씀을 이해하려면 먼저 성막의 구조를 알아야 합니다. 성막은 크게 성소와 지성소, 두 부분으로 이루어져 있습니다. 성소(聖所)는 '거룩한 곳'을, 지성소(至聖所)는 '가장 거룩한 곳'을 의미합니다. 거룩한 곳인 성소도 하나님이 구분하신 곳이지만, 지성소는 성소보다 더 거룩한 곳으로 하나님의 보좌를 상징적으로 보여 주는 공간입니다. 성소와 지성소는 휘

장으로 나뉘어 있었습니다.

지성소가 가장 거룩한 장소로 여겨진 것은 그곳에 언약궤가 있었기 때문입니다. 언약의 돌판을 담은 언약궤에는 특별한 의미가 있습니다. 모세에게 언약궤를 만들라고 하셨을 때 하나님은 특별히 언약궤 위에 속죄소를 만들라고 하시면서 그 위에서 백성을 만나겠다고 약속하셨습니다. 언약궤를 덮는 덮개인 속죄소는 하나님과 이스라엘 백성이 직접 만나는 곳입니다. 그러니 언약궤가 있는 지성소는 하나님이 직접 임재하시는 곳, 즉 가장 거룩한 곳입니다.

하나님의 거룩한 임재를 상징하는 지성소에는 아무나 출입할 수 없었습니다. 일반적인 제사장도 들어갈 수 없었으며, 대제사장이라 하더라도 함부로 들어갈 수 없었습니다. 1년 중 단 하루, 제사를 통해 먼저 자신의 죄를 깨끗이 한 후에야 이스라엘 백성의 죄를 속죄하러 들어갔습니다. 죄가 있는 채로 들어가면 대제사장이라도 그 자리에서 바로 죽음을 맞이해야 했습니다. 구약 백성에게 휘장을 지나 지성소로 들어가는 것은 그 무엇보다 두렵고 떨리는 일이었을 것입니다. 하나님의 영광 앞에서 죽을지도 모른다는 두려움이 따르는 일이었겠지요.

그런데 앞에서 보았던 히브리서 10장 19절 말씀에 따르면,

우리가 "성소에 들어갈 담력을 얻었다"고 합니다. 에베소서 3장 12절에서는 우리가 "담대함과 확신을 가지고 하나님께 나아간다"고 말합니다. 어떻게 이런 일이 가능합니까? 대제사장도 두려워하며 1년에 겨우 한 번 들어갔던 그곳을 우리는 어떻게 담력을 얻어 담대하게 들어갈 수 있습니까?

히브리서 저자는 20절에서 그 이유를 설명합니다. 휘장 가운데 새로운 살 길이 열렸다는 것입니다. 이제 우리는 성소와 지성소를 가로막던 휘장 가운데 새로 난 길을 통해 하나님께 담대히 나아갑니다. 그러면서 20절 하반절에서 한 마디를 덧붙입니다. "휘장은 곧 그(예수님)의 육체니라"

휘장은 예수님의 몸을 상징합니다. 우리는 휘장 가운데 새로 난 길, 즉 예수님의 몸을 지나 하나님께 나아갑니다. 이 말씀의 의미를 머릿속에 그려볼까요? 우리가 하나님 앞에 나아가야 합니다. 하나님과 우리 사이에 휘장이 가로막고 있었는데, 휘장 중간이 찢겨져 길이 나 있습니다. 다시 보니 그 찢겨진 휘장은 다름 아닌 예수님의 몸입니다. 우리가 그 사이를 지나갑니다. 어떤 일이 벌어질까요?

찢겨진 육체에서 피가 흐릅니다. 우리는 예수님 몸에서 흐르는 피를 흠뻑 맞으며 하나님께 나아갑니다. 이 피가 우리의 죄를 가립니다. 죄인은 거룩하신 하나님께 나아갈 수 없습니다. 예수님의 몸에서 흐르는 보혈이 우리 죄를 가려 줍니다. 그렇기에 예수님의 피를 힘입어 담력을 얻고 담대하게 하나님 앞에 나아가는 것입니다.

우리가 잘 알고 있는 '보혈을 지나 아버지 품으로'라는 찬양이 있습니다. 보혈을 지난다는 말이 바로 이런 의미입니다. 말 그대로 우리가 피 사이를 지나가는 것입니다. 예수님의 보혈이 우리의 죄를 덮었기에 우리는 하나님 앞에 담대히 나아갈 수 있습니다.

이 일은 실제로 어떻게 일어났습니까? 예수님이 십자가에서 돌아가실 때 여러 가지 징조가 나타났습니다. 해가 빛을 잃어 온 땅에 어둠이 임하고, 땅이 진동하고, 바위가 터졌습니다. 이런 여러 징조와 함께 성전에 있던 휘장이 찢어져 둘로 나뉘는 사건이 일어났습니다. 마태복음 기자는 그냥 찢어졌다고 기록하지 않습니다. 성소 휘장이 위로부터 아래로 찢어져 둘이 되었다고 분명히 기술합니다. 그냥 저절로 찢어진 것이 아니라 하나님이 위에서부터 아래로 찢으신 것입니다.

예수님이 십자가에서 피를 흘리고 돌아가셨을 때 하나님과 인간 사이를 가로막던 휘장이 찢어졌습니다. 이제 우리는 이 찢어진 휘장 사이로, 오직 십자가를 통해, 예수님의 보혈을 지나 하나님께 나아갈 수 있습니다.

예수님이 성전이 되신다는 것은 바로 이런 의미입니다. 오직 예수님만이 우리가 하나님께 나아갈 수 있는 유일한 길입니다. 예수님이 십자가에서 피를 흘려 우리를 덮으심으로써 우리가 하나님께 나아갈 담력을 얻었습니다. 예수님은 친히 성전이 되셔서 자신을 통해 하나님과 우리의 만남이 이뤄지게 하셨습니다. 십자가는 아들을 죽이면서까지 우리를 만나주시는 하나님의 사랑이 나타난 곳입니다.

이 만남은 구약시대처럼 1년에 한 번 일시적으로만 가능한 것이 아닙니다. 예수님의 보혈을 힘입은 우리는 언제든지 하나님께 나아갈 수 있습니다. 예수님을 통해 하나님을 만나는 사람들은 하나님과 이전과는 전혀 다른 관계를 맺기 때문입니다. 요한복음 1장 12절 말씀에 따르면, 예수님을 믿고 영접하는 사람들은 하나님의 자녀가 되는 권세를 누립니다. 즉, 예수님을 믿는 사람들은 하나님 아버지의 자녀가 됩니다. 하나님의 자녀에게는 이전에는 상상할 수 없었던 특별한 일이 벌어집니다. 앞서 살펴본 고린도전서 3장 16절에 나온 것과 같이 하나님의 자녀 안에는 하나님의 성령이 거하십니다.

성전은 하나님의 영광이 가득한 곳이자, 하나님이 임재하시는 곳이라고 했습니다. 예수님을 믿는 성도 안에 하나님의 영이 거하시고, 영광의 하나님이 함께하신다면, 성도들이 바로 성전이라 할 수 있습니다. 예수님을 믿고 영접함으로써 하나님의 영이 거하게 된 사람이 바로 교회입니다. 예수님을 나의 구주로 고백하는 내가 바로 교회입니다.

교회는 건물이 아닙니다. 성도가 교회입니다. 예수님을 믿는 내가 교회입니다. 내 옆에서 신앙생활을 하는 그 사람이 바로 교회입니다. 우리가 교회에 대하여 본격적으로 살펴보기 전에 먼저 이 사실을 확실하게 해야 합니다. 내가 교회입니다.

2. 교회, 그리스도의 몸

성경에는 교회에 대한 다양한 비유가 등장합니다. 들어가는 글에서는 교회가 그리스도의 신부라는 사실을 살펴보았습니다. 결혼식장에서 꽃보다 아름답게 단장한 채 신랑을 맞이하는 신부가 바로 교회라는 것입니다. 앞선 1장에서는 하나님의 영이 거하시고 하나님의 영광이 함께하시는 성도들이 곧 교회라는 점을 살펴보았습니다. 예수님을 믿어 하나님의 자녀가 된 성도들은 하나님의 영이 그 안에 거하시는 특권을 누립니다.

그런데 성경에 나오는 교회는 단순히 각각의 성도만을 의미하지 않습니다. 물론 1장에서 확인한 것처럼 예수님을 믿는 내가 곧 교회입니다. 하지만 예수님을 믿는 사람들이 함께 모인 모임 역시 교회입니다. 교회인 각각의 사람들이 모여 공동체로서의 교회를 이루는 것입니다.

그렇다면 한 교회 안에 있는 나와 다른 사람들은 어떤 관계일까요? 성경은 이에 대해서도 아주 멋진 여러 비유로 설명합니다. 그중에서도 교회가 곧 그리스도의 몸이라는 비유를 먼저 살펴보겠습니다. 고린도전서 12장 27절에 그 비유가 등장합니다.

> 너희는 그리스도의 몸이요 지체의 각 부분이라

바울은 고린도 교회를 향하여 "너희는 그리스도의 몸"이라고 이야기합니다. 교회는 그리스도의 몸이며, 교회 안에 있는 한 사람 한 사람은 그 몸의 각 지체입니다.

교회가 한 몸이라는 것은 무엇보다 교회가 하나라는 사실을 강조합니다. 우리의 몸이 얼마나 긴밀하게 연결되어 있습니까? 동양의학을 보면 이 점을 잘 알 수 있습니다. 아파서 침을 맞으러 가면 한의사 선생님이 아픈 곳은 놔두고 엉뚱한 곳에 침을 놓는 것처럼 보입니다. 체했다는데 손가락에 침을 놓습니다. 두통이 있다는데 등에 침을 놓습니다. 그런데 신기하게도 속이 편해지고 두통이 사라집니다. 우리가 생각하는 것보다 우리 몸이 긴밀히 연결되어 있기 때문이겠지요.

우리 몸을 이루는 여러 기관들은 서로 아주 긴밀하게 연결되어 있습니다. 어느 한 기관이라도 제 역할을 하지 못하면 몸 전체에 이상이 생깁니다. 교회는 바로 이와 같습니다. 각 기관이 한 몸을 이루는 것처럼 우리 각 사람이 모여 한 교회를 이룹니다.

하나가 되어야 하는 이유

교회가 하나 되는 것은 예수님의 간절한 기도이기도 했습니다. 요한복음 17장에는 예수님이 십자가 수난을 앞두고 기도하시는 장면이 나옵니다. 이 장면에서 예수님은 특별히 제자들을 위해 기도하시는데, 이는 제자들이 특별한 상황에 처해 있기 때문이었습니다.

먼저, 17장 11절 상반절에서 제자들이 처한 상황을 엿볼 수 있습니다.

> 나는 세상에 더 있지 아니하오나 저희는 세상에 있사옵고 나는 아버지께로 가옵나니

이제 예수님은 아버지께로 가셔야 합니다. 더 이상 이 세상에서 제자들 곁에 머무실 수 없습니다. 하지만 제자들은 이 세상에 남아 있어야 합니다. 오직 예수님만 믿고서 자신의 가정과 직장을 다 팽개치고 따랐던 제자들입니다. 그런데 앞으로는 예수님 없이 지내야만 합니다.

이 제자들은 참 연약한 자들입니다. 요한복음 17장 이후에 벌어지는 사건들을 통해 이 제자들이 얼마나 연약한지 알 수 있습니다. 예수님이 체포되시고 재판을 받으시고 십자가에 달리시던 그 때, 제자들은 예수님 곁을 지키지 못했습니다. 일찌감치 멀리 도망치거나 자기들과 아무 관계 없다며 예수님을 부인했습니다. 예수님은 자신이 떠난 후 이 세상에 남겨질 이 연약한 제자들을 위해 기도하셔야 했습니다.

제자들이 처한 또다른 상황은 14절에 나옵니다.

내가 아버지의 말씀을 그들에게 주었사오매 세상이 그들을 미워하였사오니 이는 내가 세상에 속하지 아니함 같이 그들도 세상에 속하지 아니함으로 인함이니이다

예수님은 가시고 제자들은 세상에 남아 있는데, 여기에 문제가 하나 있습니다. 세상이 제자들에게 호의적이라면 걱정

할 것이 없겠지요. 하지만 제자들이 남아 있는 세상은 제자들을 미워합니다. 제자들이 세상에 속해 있었다면 세상은 오히려 제자들을 사랑했을 것입니다. 그러나 예수님이 세상에 속하지 아니하셨듯이 제자들은 세상에 속하지 않습니다.

예수님께 속한 사람은 세상과는 다른 가치관을 가지고 삽니다. 세상은 이러한 자들을 참지 못합니다. 마치 눈엣가시 같은 존재로 여깁니다. 세상이 이러한 자들을 미워하는 건 피할 수 없는 일입니다. 단순히 감정적으로 싫어하기만 하는 것이 아닙니다. 우리는 예수님의 승천 이후 세상이 교회를 얼마나 박해했는지 잘 알고 있습니다. 예수님을 믿는다는 이유 하나만으로 온갖 형태의 박해를 받아야 했던 우리 믿음의 선배들의 이야기를 잘 알고 있습니다. 예수님이 이 악한 세상에 예수님 없이 남아야 하는 제자들을 위해 기도하셔야 했던 이유입니다.

이것 말고도 제자들이 처한 상황은 더 있습니다. 18절에 나와 있습니다.

아버지께서 나를 세상에 보내신 것 같이 나도 그들을 세상에 보내었고 세상이 악하다면 피하면 되지 않습니까? 악한 세상이 우리를 미워한다는데 굳이 거기서 살 이유가 무엇입니까? 돈 모아서 섬 하나를 사고 거기서 제자들끼리 오순도순 살면 되지 않습니까? 악한 세상을 피해 예수님을 믿는 사람들끼리 따로 모여 살면 되지 않습니까?

그런데 제자들은 그럴 수 없습니다. 예수님은 제자들이 이 악한 세상에서 감당할 역할이 있다고 하십니다. 하나님이 예수님을 세상에 보내신 것처럼 예수님도 제자들을 세상에 보내십니다. 예수님의 제자들은 예수님이 승천하신 후 예수님이 이 땅에서 하셨던 사역을 감당하기 위해 이 세상으로 파송된 자들입니다. 예수님은 제자들을 이 세상으로 파송하셨습니다.

예수님의 제자들은 세상에 속하지 않지만 그렇다고 세상 밖에 있지도 않습니다. 예수님의 제자들은 세상 안에 있는 자들입니다. 제자들은 어두운 세상 안에서 빛으로 살아야 하고, 썩어 가는 세상 안에서 소금의 역할을 감당해야 합니다. 이것이 예수님이 맡기신 사명입니다.

예수님이 이러한 제자들을 위하여 기도하십니다. 이 땅에 남아 예수님의 사역을 감당해야 하는 제자들을 위해 기도하고 계신 것입니다.

예수님 없이 남겨져 악한 이 세상에 파송된 제자들을 위해 예수님은 어떻게 기도하십니까? 제자들을 위한 예수님의 기도가 11절 하반절에 나와 있습니다.

> 거룩하신 아버지여 내게 주신 아버지의 이름으로 그들을 보전하사 우리와 같이 그들도 하나가 되게 하옵소서

예수님이 하나님에게 구하신 것은, 제자들이 하나가 되는 것이었습니다. 제자들이 하나가 되는 것만이 이 악한 세상에 남아 예수님의 사명을 감당할 수 있는 유일한 방법이었기 때문입니다. 예수님의 제자들은 각자 남겨진 자리에서 사명을 감당하며 살아야 하는 존재가 아닙니다. 예수님의 제자들은 하나의 공동체를 이루어 함께 사명을 감당해야 합니다. 이것이 제자들을 향한 예수님의 마지막 기도였습니다.

하나 됨의 모델

그런데 여기서 한 가지 더 살펴볼 것이 있습니다. 제자들이 하나가 될 때 따라야 할 본보기가 11절 하반절에 나와 있습니다.

우리와 같이 그들도 하나가 되게 하옵소서

예수님은 우리와 같이 그들도 하나가 되게 해달라고 하십니다. 여기서 '우리'는 성부 하나님과 성자 예수님을 말합니다. 즉 하나님과 예수님이 하나이듯이 제자들 역시 하나가 되게 해달라고 기도하신 것입니다. 이러한 기도는 교회 공동체의 기원이 하나님과 예수님의 관계에 있다는 것을 보여 줍니다. 창세기 1장 27절 말씀을 한번 보겠습니다.

> 하나님이 자기 형상 곧 하나님의 형상대로 사람을 창조하시되 남자와 여자를 창조하시고

하나님은 자신의 형상대로 사람을 창조하셨습니다. 창조된 남자와 여자는 하나님의 형상이 반영된 결과입니다. 우리는 자칫 이 이야기를 오해할 수 있습니다. 마치 하나님이 남신과 여신으로 구성되어 있어서 하나님의 이러한 특성을 반영해 남자와 여자를 창조하신 거라고 오해할 수 있다는 말입니다. 고대 근동에는 이러한 개념을 바탕으로 한 여신 숭배 사상이 많았습니다. 성경에도 바알 신과 함께 그 배우자 여신인 아세라가 등장합니다. 이집트 신화에도 오시리스 신과

이시스 여신이 짝을 이룹니다.

성경의 창조 이야기가 말하고자 하는 것은 이런 것과는 거리가 멉니다. 하나님의 형상으로 창조된 인간은 홀로 있어야 하는 존재가 아닙니다. 누군가와 함께 있어야 하는 존재입니다. 하나님의 형상 속에 이미 공동체성이 반영되어 있습니다. 창세기 1장 26절에서 하나님은 자신을 지칭하시면서 '우리'라는 단어를 사용하십니다.

> 우리의 형상을 따라 우리의 모양대로 우리가 사람을 만들고

여기서 '우리'가 어떤 의미를 갖는지를 놓고 학자들이 서로 다른 주장을 해 왔습니다. 이 단어가 천상에서 이뤄지는 어전회의를 의미한다고 해석하는 학자들이 있습니다. 또 히브리어 문법에 보면 '강조의 복수, 위엄의 복수'라는 개념이 있습니다. 말하고자 하는 내용을 강조하기 위해 마치 여럿인 듯 복수(複數) 표현을 사용한다는 것입니다. 그러니 여기서 '우리'는 하나님이 자신을 강조하시기 위해 사용한 단어라고 해석하는 학자들도 있습니다.

오늘날 우리는 완성된 계시인 성경을 통해 구약시대 사람들보다 하나님에 대하여 더 많은 지식을 가지고 있습니다. 우

리는 한 분이신 하나님이 세 위격을 가지신다고 믿습니다. 그러므로 창세기에 등장하는 '우리'라는 단어가 바로 이 삼위일체 하나님을 가리킨다고 이해하는 것이 타당합니다.

삼위일체 교리를 완벽히 이해하기란 거의 불가능합니다. 결코 쉬운 교리가 아닙니다. 다만 삼위일체 교리에서 분명히 알아야 할 것은, 인격적으로 독립된 세 분 하나님이 신비한 연합으로 완전한 하나가 되었다는 사실입니다. 하나님은 본질적으로 공동체성을 가지신 분입니다.

이런 하나님의 형상으로 창조된 인간이 공동체성을 가진 채로 창조된 것은 당연합니다. 인간은 본질적으로 혼자 존재할 수 없습니다. 하나님이 인간을 누군가와 함께해야 하는 존재로 창조하셨기 때문입니다.

한자에도 인간의 공동체성에 대한 이해가 담겨 있습니다. 사람 인(人) 자를 아시지요? 이 글자는 두 개의 막대기가 서로 받치고 있는 모양을 하고 있습니다. 이는 두 사람이 등을 서로에게 기대고 있는 모습을 형상화한 것입니다. 인간은 어떤 존재인가요? 혼자서는 설 수 없는 존재입니다. 서로 기대고 의지해야 살 수 있는 것이 바로 인간입니다.

이러한 창조된 인류에게 주어진 이러한 하나님의 형상은 아담의 범죄를 계기로 많이 왜곡되었습니다. 서로에게 기대고 하나가 되어 살아야 하는 인간들이 서로에게 책임을 돌리며 서로를 미워하게 되었습니다. 이렇게 깨진 관계를 다시 회복하신 분이 예수님이며, 예수님이 깨진 관계를 회복하신 결과가 바로 교회입니다. 그렇다면 교회는 하나님의 형상을 반영한 하나의 공동체가 되어야 합니다. 예수님의 한 몸이 되어야 합니다.

한 몸이라는 것의 의미

교회가 하나가 되고 한 몸이 되어야 한다는 것이 그저 추상적인 구호에만 머물러선 안 됩니다. 교회가 한 몸을 이루었다면 실제로 여러 특징이 나타나야 합니다. 고린도전서 12장에서 바울은 이에 대해 자세히 설명합니다.

첫째, 교회가 한 몸이라는 진리는 다른 사람들에 대한 우리의 태도를 결정합니다. 고린도전서 12장 21절을 읽어 봅시다.

> 눈이 손더러 내가 너를 쓸 데가 없다 하거나 또한 머리가 발더러 내가 너를 쓸 데가 없다 하지 못하리라

몸에 눈과 귀와 손과 발이 있는 것은 모든 지체에 각각의 역할이 주어졌다는 의미이기도 합니다. 그렇기에 우리 몸에 필요하지 않은 지체는 없습니다. 어느 한 지체가 다른 지체보다 더 중요하다고 말할 수 없습니다.

무언가 보는 것을 좋아하는 사람이 있다고 생각해 봅시다. 그 사람이 이렇게 혼잣말을 하는 겁니다. '쓸데없이 툭 튀어나온 코 자리에 차라리 눈이 하나 더 있으면 좋겠다!' 그런데 만약 정말 그렇게 된다면 어떨까요? 코가 없어 숨을 쉬지 못하는 건 차치하더라도 눈이 하나 더 있다니 얼마나 이상하겠습니까?

우리는 한 몸이기에 지체인 다른 사람을 업신여길 수 없습니다. 각각 다른 역할을 맡은 우리는 그렇기에 각각 다르게 창조되었습니다. 누군가 나와 다르다 해도 틀린 것이 아닙니다. 단지 다를 뿐입니다. 우리가 함부로 다른 사람을 판단해선 안 됩니다. 나와 다른 사람을 인정하는 것, 서로 다른 사람이 다양성 속에 통일성을 이루어 가는 것, 이것이 교회 공동체의 모습이어야 합니다.

이러한 교회를 생각할 때마다 떠오르는 우리나라 음식 문화가 두 가지 있습니다. 하나는 명절이 지나고 나면 집에서 한 번씩 해 먹는 음식인 비빔밥입니다. 명절 때 잔뜩 해 놓은 나물들이 며칠이 지나도 냉장고에 있을 때가 있지요? 냉장고에 오래 있던 음식을 그냥 반찬으로 먹으려니 손이 잘 안 갑니다. 그럴 때 남은 나물에 전까지 다 꺼내 담아 계란 프라이 하나 얹어 참기름에 고추장까지 넣고 비벼서 먹으면 아주 끝내줍니다. 물론 콩나물, 시금치, 고사리, 도라지 나물은 각각 따로 먹어도 맛있습니다. 하지만 이렇게 비벼 먹으면 각각 먹을 때와는 또 다른 맛을 느낄 수 있습니다. 서로 다른 맛이 모여 하나의 멋진 맛이 창조되는 것입니다.

우리나라 쌈 문화도 이와 같습니다. 서양 사람들은 고기를 잘라 소스에 찍어 먹습니다. 아니면 소금이나 후추를 뿌려 먹습니다. 우리나라는 다릅니다. 상추에 고기를 얹고, 거기에 장을 묻힙니다. 그 위에 마늘이나 고추, 때로는 김치까지 같이 싸서 먹습니다. 이렇게 먹으면 고기 고유의 맛을 느끼지 못한다고도 합니다. 하지만 이렇게 쌈으로 싸 먹으면 고기만 먹을 때와는 또 다른 맛을 느낄 수 있습니다. 전혀 다른 맛의 음식들이 섞여 하나의 독특한 맛을 만들어 냅니다. 비빔밥이나 쌈은 다른 나라에서는 찾아보기 힘든 우리의 고유한 음식 문화로, 여러 재료가 함께 어우러질 때 얼마나 훌륭한 맛을 내는지 알게 해 줍니다.

교회도 마찬가지입니다. 서로 다른 사람들이 모여 한 공동체를 이루고 하나님의 사명을 함께 감당할 때 그 공동체는 혼자서는 할 수 없는 멋진 일을 이뤄낼 수 있습니다.

저는 가끔 성경공부 시간에 이런 질문을 던집니다. "만약 우리 교회에 생각이나 성격, 기질이 나와 똑같은 사람만 있다면 어떨 것 같으세요?" 어우, 저라면 그런 교회는 안 다니고 싶습니다. 나와 똑같은 사람만 우글거리는 교회는 생각하기도 싫습니다. 내 옆에 있는 그 사람이 나와 다른 것이 축복입니다. 서로 다른 것은 짐이 아니라 서로에게 힘이 됩니다.

둘째, 한 몸이기에 분쟁이 없어야 합니다. 고린도전서 12장 25절을 읽어 보겠습니다.

> 몸 가운데서 분쟁이 없고 오직 여러 지체가 서로 같이 돌보게 하셨느니라

한 몸 안에서는 분쟁이 일어나지 않습니다. 당연한 말입니다. 발은 오른쪽으로 가려고 하는데 팔은 왼쪽으로 가려고 합니다. 이런 일이 있습니까? 머리는 앞으로 가라고 하는데 발은 뒤로 갑니다. 만약 이런 일이 있다면 그 사람은 심각한 병에 걸린 게 틀림 없습니다. 사람으로 제 구실을 하며 살기 힘들 정도일 것입니다.

교회도 마찬가지입니다. 건강한 교회는 그저 함께 모여 예배를 드리기에 하나가 될 뿐 아니라 마음도 하나가 되어야 합니다. 즉, 서로 간에 분쟁이 없어야 한다는 말입니다.

안타깝게도 고린도 교회는 분쟁이 많은 교회였습니다. 고린도 교회를 거쳐 간 지도자들의 이름을 따서 나는 바울파, 너는 아볼로파라고 하면서 패를 나누었습니다. 이렇게 패를 나누는 모습이 보기 싫어 스스로 그리스도파라고 주장하며 또 다른 패를 만들기도 했습니다. 서로 파벌로 나뉘어 분쟁을 일삼으니 교회가 시끄러울 수밖에 없었습니다.

이런 고린도 교회를 향해 바울은 교회가 그리스도의 한 몸이기에 분쟁이 없어야 한다고 주장한 것입니다.

셋째, 교회는 한 몸이기에 고통과 영광을 함께 나누어야 합니다. 고린도전서 12장 26절을 읽어 보겠습니다.

만일 한 지체가 고통을 받으면 모든 지체가 함께 고통을 받고 한 지체가 영광을 얻으면 모든 지체가 함께 즐거워하느니라

이 역시 아주 당연한 말입니다. 사람의 몸은 참 신기합니다. 몸의 한 부분만 아파도 온 몸이 아픕니다. 분명 목감기에 걸려 목이 부었는데 온 몸에서 열이 납니다. 목만 아픈 것이

아니라 몸 전체가 쑤시고 아픕니다.

유대인 탈무드에 샴쌍둥이와 관련된 이야기가 나옵니다. 다들 알다시피 샴쌍둥이는 머리는 둘이지만 몸은 하나로 붙어 있습니다. 이런 경우 이 아이를 하나의 인격체로 봐야 할까요? 아니면 두 개의 인격체로 봐야 할까요? 보통은 머리가 둘이니 두 개의 인격체로 보아야 한다고 말하기 쉽습니다. 하지만 탈무드는 그렇게 접근하지 않습니다. 한쪽 머리에 뜨거운 물을 부었을 때 다른 쪽 머리도 뜨거움을 느끼고 얼굴을 찡그린다면 하나의 인격체로 보아야 하는 반면, 아무 반응이 없으면 두 개의 인격체로 보아야 한다는 것입니다.

우리가 한 몸이라는 것은 이런 의미입니다. 우리는 나와 한 몸을 이룬 다른 사람들의 아픔과 고통을 함께 느끼고 나누어야 합니다. 다른 사람들의 슬픔에도 함께해야 합니다. 뿐만 아니라 다른 사람들의 기쁨과 영광에도 함께해야 합니다. 우리 속담 중에 '사촌이 땅을 사면 배가 아프다'는 말이 있습니다. 생각해 보면 아주 비성경적인 속담이라 할 수 있습니다. 성경은 한 지체가 영광을 받으면 시기하고 배 아파하는 것이 아니라 함께 즐거워해야 한다고 강조합니다.

공동체의 아름다움

시편 133편에서 시인은 공동체의 하나 됨을 이렇게 노래합니다. 공동번역으로 한 번 보겠습니다.

> 1 이다지도 좋을까, 이렇게 즐거울까! 형제들 모두 모여 한데 사는 일! 2 아론의 머리에서 수염 타고 흐르는, 옷깃으로 흘러내리는 향긋한 기름 같구나. 3 헤르몬 산에서 시온 산 줄기를 타고 굽이굽이 내리는 이슬 같구나. 그 곳은 야훼께서 복을 내린 곳, 그 복은 영생이로다.

시인은 공동체를 이루는 일이 너무나 아름답고 즐거운 일이라고 노래합니다. 그 아름다움을 생각하면 대제사장의 위임식이 떠오릅니다. 하얀 머리에 하얀 수염이 무성한 아론이 공동체 가운데 섭니다. 아론은 아름다운 대제사장의 예복을 입고 있습니다. 이제 그 머리에 거룩한 기름을 붓습니다. 그 기름이 머리에서 수염을 타고 내려가 옷깃으로 흘러갑니다. 기름이 흐를 때마다 향기로운 향이 백성들 사이에 퍼집니다. 이스라엘 백성은 이 모습을 감격에 찬 눈으로 바라봅니다. 시인은 공동체의 아름다움을 이와 같은 장면에 비유합니다.

이 시에서 우리는 또 다른 비유를 찾을 수 있습니다. 바로 메마른 사막입니다. 메마른 사막 한쪽 끝에서 시내가 흐르기 시작합니다. 이 시내가 닿는 곳마다 새로운 생명이 탄생합니다. 이 시내의 근원을 찾아 올라가면, 만년설이 쌓인 헤르몬산이 있습니다. 이 산의 눈이 녹아 시내를 이루고 이 시내가 모여 갈릴리 호수를 이룹니다. 이 호수에서 물줄기가 흘러나와 요단강을 이루며 메마른 사막을 촉촉이 적십니다. 시인은 공동체의 아름다움을 이와 같은 장면에 비유합니다. 이 아름다운 공동체 위에 하나님이 복을 내리신다고 말합니다. 그 복은 영생의 복입니다.

교회는 아름다움을 드러내야 합니다. 수백억, 수천억을 들여 멋지게 지은 건물을 세상에 보여 주라는 말이 아닙니다. 성도가 하나 되어 아름다운 공동체를 이루는 모습을 보여 주라는 것입니다.

하나가 되기 위하여

교회는 하나가 되어야 합니다. 어떻게 교회가 하나가 될 수 있을까요? 흔히 교회에서는 하나가 되기 위해 교제한다고 합니다. 소그룹이나 전도회별로 모여 단합대회를 합니다. 같이 식사를 하기도 하고, 같이 등산을 하거나 자전거를 타는 등 활동을 하기도 합니다. 사람들은 한 상에서 밥을 먹으면 친해지기 마련입니다. 같이 고생을 하면 동료애가 생기기도 합니다. 같이 목욕탕에 가서 볼 거 안 볼 거 다 보는 것이 제일이라는 사람도 있습니다.

하나의 공동체를 이루는 데 이런 노력이 중요합니다. 이런 노력을 통해 공동체 사람들이 한층 더 가까워질 수 있습니다. 그런데 이런 노력 이전에 좀 더 근본적인 삶의 태도 변화가 있어야 합니다.

예수님은 그 방법을 행동으로 보이셨습니다. 요한복음 13장에는 예수님이 제자들의 발을 씻기시는 장면이 나옵니다. 주와 선생이신 예수님, 전능하신 하나님의 독생자이자 만유의 주님이신 예수님이 제자들의 발을 씻기셨습니다. 그리고 이렇게 말씀하십니다.

내가 주와 또는 선생이 되어 너희 발을 씻었으니 너희도 서로 발을 씻어 주는 것이 옳으니라

예수님의 말씀은 주일 예배 시간마다 세족식을 하라는 의미가 아닙니다. 주와 선생이신 예수님이 스스로를 낮추어 제

자들을 섬겼듯이 우리도 그렇게 서로 섬기라는 의미입니다.

스스로를 낮추어 서로 섬기는 것이 교회가 하나가 되는 길입니다. 내가 낮아져야 합니다. 나보다 다른 사람을 높여야 합니다. 내가 손해를 봐야 합니다. 예수님은 제자들의 발을 씻기심을 통해, 십자가에서 죽으심을 통해 이 낮아짐과 섬김의 본을 보이셨습니다. 서로 낮아지며 섬길 때 교회는 온전한 한 몸을 이룰 수 있습니다.

한 가지 더 있습니다. 앞서 살펴본 시편 133편은 아론이 아름다운 대제사장의 예복을 입고 기름 부음 받는 장면을 묘사합니다. 아론은 출애굽 이후 광야를 떠돌던 시절에 대제사장으로 부르심을 받았습니다. 그런데 그 직전에 어떤 일이 있었는지 아시나요? 이스라엘 백성의 요청에 못이겨 아론이 금송아지를 만드는 바람에 우상 숭배가 일어나고 하나님의 진노를 사는 일이 빚어졌습니다. 그렇게 큰 잘못을 저지른 아론에게 하나님이 대제사장 직분을 맡기셨습니다. 오늘날에도 교회 안에서 실수와 잘못을 저지르는 사람들은 있기 마련입니다. 자격이 없다고 느껴지는 사람을 받아 주고 용납하는 것, 그 사람의 연약한 부분을 책임지고 감당하는 것, 그것이야말로 교회가 한 몸을 이루는 또 하나의 길입니다.

3. 교회, 함께 세워져 가는 공동체

20:80?

불의의 사고나 질병으로 우리 몸의 일부가 제대로 기능하지 못할 때가 있습니다. 심하면 하반신 마비로 허리 아래를 사용하지 못하거나 몸의 오른쪽이나 왼쪽을 사용하지 못하는 경우도 있습니다.

몸의 50퍼센트가 제대로 기능하지 못한다면, 정말 치명적인 상황입니다. 50퍼센트까지 갈 필요도 없습니다. 우리 몸의 기관 중 20퍼센트, 아니 10퍼센트만 제대로 기능하지 못해도 일상생활에 큰 불편을 겪게 됩니다. 한쪽 발목만 삐어도 집밖에 나가기가 힘듭니다. 귀 안에 있는 달팽이관에 문제가 생기면 눈앞이 빙글빙글 돌아 똑바로 앉는 것조차 어렵습니다. 몸이 건강하려면 몸의 모든 기관이 정상적으로 기능해야 합니다.

앞장에서 교회는 몸이라고 했습니다. 교회 안에 있는 성도 한 사람 한 사람은 그 몸을 이루는 지체의 각 부분입니다. 만약 교회의 지체 중 50퍼센트가 제대로 기능하지 못한다면 어떻게 될까요? 아니, 20퍼센트가 제대로 기능하지 못한다 해도 그 교회는 더 이상 건강할 수가 없습니다.

경제학을 비롯 경영학, 사회학, 통계학 등에서 널리 통용되는 '20대 80의 법칙'이 있습니다. 파레토 법칙이라고 부르는 이 개념을 사회학에서 언급할 때는, 어떤 사회나 조직이든 상위 20퍼센트가 하위 80퍼센트를 주도하고 이끌어 간다는 말로 이해됩니다. 이 개념이 아주 신통방통해서 어느 사회나 조직에도 대부분 적용됩니다. 그래서 교회에도 이 개념을 적용하는 경우가 있습니다. 결국 열심히 섬기는 20퍼센트가 교회를 이끈다는 이야기입니다.

물론 교회에도 핵심 구성원이 있습니다. 이들의 역량을 키우는 것이 교회 성장에 있어 중요한 요소입니다. 그렇다고 20퍼센트 핵심 구성원만 교회 일을 하고 나머지 80퍼센트는 방관자처럼 구경해도 된다는 말이 아닙니다. 일반 사회나 회사 조직은 그럴 수 있습니다. 그래도 별 문제가 드러나지 않습니다. 재능이 뛰어나거나 열정적인 사람들에게 집중 투자를 하고, 그런 사람들 중심으로 조직을 운영해도 됩니다.

교회는 다릅니다. 일반 회사와 같은 조직으로 이해해선 안 됩니다. 교회는 몸입니다. 생명이 있는 유기적 공동체입니다. 그렇기에 몸의 20퍼센트는 아주 튼튼한데 80퍼센트가 제대로 기능하지 못한다면 그 사람은 아주 심각한 중환자임에 틀림없습니다. 교회에서는 모든 성도가 자기 역할을 감당해야 합니다. 누구 하나 소외되어서는 안됩니다. 그래야 건강하게 성장할 수 있습니다. 에베소서 4장 16절을 현대인의 성경으로 읽어 보겠습니다.

그리스도의 지도를 통하여 온 몸이 완전하게 서로 조화되고 각 지체가 그 기능대로 다른 지체를 도와서 온 몸이 건강하게 자라고 사랑으로 그 몸을 세우게 되는 것입니다.

본문에서 바울은 교회가 어떻게 건강하게 자랄 수 있는지 이야기합니다. 몸의 지체인 성도들이 각자 자기 역할을 잘 감당하고 서로가 서로를 도우며 조화를 이룰 때 교회는 건강하게 자랄 수 있습니다. 몇몇 사람의 힘만으로는 결코 교회를 건강하게 세울 수 없습니다. 모든 성도가 자신의 역할을 제대로 감당할 때 교회가 건강하게 자랍니다.

하워드 스나이더라는 학자는 그의 책 『참으로 해방된 교회』에서 교회의 이러한 면을 신자의 제사장직과 연관지어 설명합니다. 이와 관련해 베드로전서 2장 9절 말씀을 살펴보겠습니다.

> 그러나 너희는 택하신 족속이요 왕 같은 제사장들이요 거룩한 나라요 그의 소유가 된 백성이니 이는 너희를 어두운 데서 불러 내어 그의 기이한 빛에 들어가게 하신 이의 아름다운 덕을 선포하게 하려 하심이라

영원한 대제사장이신 예수님을 믿음으로 신자들은 그리스도의 몸이 됩니다. 그리스도의 몸을 이룬 신자들은 예수님과 마찬가지로 제사장이 됩니다. 성도가 제사장이 된다는 말에 담긴 의미를 세 가지 측면에서 생각해 볼 수 있습니다.

첫째, 이제 성도들은 하나님 앞에 직접 나아갈 수 있습니다. 구약시대에는 이스라엘 백성이 직접 하나님께 나아갈 수 없었습니다. 제사장을 통해 간접적으로 하나님을 만날 수밖

에 없었습니다. 하지만 이제는 다릅니다. 모든 성도가 다 제사장입니다. 우리는 예수님을 통하여 하나님의 은혜의 보좌 앞에 담대하고 당당하게 나아갈 수 있습니다.

둘째, 우리가 제사장이 되는 것은 단순히 나와 하나님과의 관계에만 국한되는 사안이 아닙니다. 무엇보다 구약의 제사장직은 제사장 본인을 위한 직분이 아니었습니다. 그는 백성들을 위해 세움 받은 직분이었습니다. 우리가 제사장이 되었다고 할 때도 마찬가지입니다. 나 하나 하나님 앞에 나아가는 것으로 끝나지 않습니다. 서로가 서로에게 제사장이 되어야 합니다. 교회는 각 사람이 다른 사람을 위해 제사장으로 섬기는 공동체입니다.

셋째, 우리는 교회뿐 아니라 세상을 위해서도 제사장 역할을 감당해야 합니다. 출애굽기 19장에서 하나님은 이스라엘 백성이 모든 민족 중에서 하나님의 소유가 되고 제사장 나라가 되며 거룩한 백성이 될 것이라고 말씀하셨습니다. 하나님은 이스라엘을 제사장 나라로 삼으셔서 온 세계에 하나님을 나타내도록 계획하셨습니다.

하지만 이스라엘 백성은 그들의 죄로 말미암아 이 일에 실패했습니다. 이제 새로운 이스라엘인 교회가 이 역할을 감당해야 합니다. 제사장인 성도 한 사람, 한 사람은 이 땅에서 하나님의 뜻을 나타내는 하나님의 대리인입니다.

이처럼 제사장이 된 성도는 하나님 앞에 직접 나아가는 특권을 누릴 뿐 아니라 공동체 안에 있는 다른 사람을 섬기고, 세상에서 하나님의 뜻을 드러내야 합니다.

이것은 교회 안의 핵심 구성원들에게만 주어진 역할이 아닙니다. 예수님을 따라 제사장이 된 모든 성도가 이 역할을 감당해야 합니다. 교회 안에서 어떤 직분을 가진 사람이나 특별한 훈련을 이수한 사람만 제사장이 되는 게 아니기 때문입니다. 성도라면 누구나 왕 같은 제사장입니다. 여기에는 누구도 예외가 없습니다.

각자의 역할

이런 면에서 교회의 모든 성도는 몸의 지체로서 감당해야 할 각자의 역할이 있습니다. 에베소서 4장 7절을 읽어 봅시다.

> 우리 각 사람에게 그리스도의 선물의 분량대로 은혜를 주셨나니

이 구절에서 먼저 "은혜"라는 말을 살펴봅시다. 여기서 은

혜는 '구원'의 은혜가 아니라 '은사'를 말합니다. 즉, 교회를 섬기기 위해 주어지는 '봉사'의 은혜를 말합니다. 예수님은 "우리 각 사람에게" 교회를 섬길 수 있는 봉사의 은혜를 주셨습니다.

봉사의 은혜 역시 구원의 은혜와 마찬가지로 예수님을 믿는 모든 사람에게 주어졌다는 말입니다. 봉사의 은혜는 교회 내의 특정한 사람에게만 주어지는 은혜가 아닙니다. 그렇다고 해서 모든 사람에게 '동일한' 은혜와 은사가 주어진다는 말은 아닙니다. 공동번역에서는 이 말씀을 다음과 같이 번역했습니다.

> 그리스도께서는 우리들에게 각각 다른 은총을 알맞게 나누어 주셨습니다.

그리스도께서 우리 각 사람에게 다른 은사를 알맞게 나누어 주십니다. 자, 이렇게 정리할 수 있겠군요. 우리는 모두 동일한 은혜를 받아 구원 받은 성도들이 되었습니다. 이렇게 구원 받은 성도들은 모두 특별한 은사를 받습니다. 이 점에 있어 한 사람도 예외가 없습니다. 이 은사는 사람에 따라 각각 다르게 주어집니다. 각각 다르게 주어진 이 은사들은 모두 영광의 예수님이 주신 귀한 봉사의 은혜입니다.

이렇게 주어진 은사로 우리는 그리스도의 몸 된 교회를 섬기게 됩니다. 각자 받은 은사대로 교회의 각처에서 서로 도움을 주고 받으며 연결되고 결합되어 섬길 때 그리스도의 몸인 교회는 건강하게 세워지고 자라게 됩니다. 교회 안에는 방관자가 있을 수 없습니다. 모두 다같이 수고해야 합니다.

이와 관련된 일화가 있습니다. 조선시대 우리나라에 테니스가 처음 들어왔을 때의 일입니다. 미국 선교사님들이 열심히 땀 흘리며 테니스 치는 것을 보고 양반들은 이렇게 말했다고 합니다.

"아이고, 저렇게 힘든 걸 왜 직접 하는지 몰라. 종들 시키면 될 일이지."

교회는 이런 곳이 아닙니다. 관람석에 앉아 남들이 열심히 운동하는 것을 구경하는 곳이 아닙니다. 모든 성도가 함께 운동장에서 뛰어야 합니다. 다같이 힘을 모아 수고해야 합니다. 우리 모두 한 몸을 이룬 지체이기 때문입니다. 이 점에 있어 누구도 예외가 없습니다.

교회에서 섬기다 보면 자주 듣는 말이 있습니다. 교회 밖이 아니라 교회 안에서 주로 듣게 됩니다.

"교회에서 이런 것도 안 하고 뭐 하는 겁니까?"

"이런 건 교회가 해야지요."

"교회가 이런 것도 모르고 있었습니까?"

비판과 책망이 뒤섞여 있습니다. 물론 얼마나 속상하면 이렇게 말할까 싶어 마음이 아픕니다. 교회도 사람들이 모인 곳이라 실수가 있고 부족함이 많습니다. 그러니 교회에서 아쉬운 일을 겪을 수 있고 속상한 마음에 교회에 대한 불만을 제기할 수 있습니다. 충분히 이해가 갑니다.

그런데 이 말의 옳고 그름을 떠나 한번 생각해 봐야 할 부분이 있습니다. '교회가', '교회에서'라고 말할 때 그 교회는 누구를 말하는 겁니까? 교역자들을 말하는 겁니까? 아니면 장로님들로 구성된 당회를 가리키는 겁니까? 선교회 임원들을 말하는 겁니까? 아니면 구역장들을 말하는 걸까요? 물론 교역자들은 교회를 말씀으로 가르치고 섬기라고 세워진 사람들입니다. 장로님들 역시 교회를 섬기라고 안수해서 세운 사람들입니다. 각 선교회 임원과 구역장 역시 교회를 섬기는 자리에 있는 것은 마찬가지입니다. 하지만 그렇다고 해서 나머지 성도들은 관람석에 앉아 있는 사람들이 아닙니다.

교회는 국가가 아닙니다. 우리는 국가에 세금을 냅니다. 이 세금을 통해 국가가 운영됩니다. 그렇기에 세금을 내는 모든 국민은 그에 합당한 서비스를 국가에 요구할 권리가 있습니다. 국가가 마땅히 제공해야 할 서비스를 당당하게 받을 수 있습니다.

교회는 다릅니다. 우리가 드리는 헌금은 세금이 아닙니다. 헌금은 우리가 가진 모든 것이 본래 하나님의 것이라는 신앙고백의 표현입니다. 그러므로 교회는 성도가 헌금을 내고 그에 합당한 서비스를 요구하거나 받는 곳이 아닙니다. 오히려 우리 한 사람 한 사람이 모여 교회라는 한 몸을 이루고 있을 뿐입니다. 교회는 한 몸이며 유기적 공동체이기에 건강하게 서고 성장하기 위해 서로가 서로에게 서비스, 즉 봉사를 제공해야 하는 곳입니다.

짐을 서로 지라

갈라디아서 5, 6장에서는 오직 믿음으로 말미암아 은혜로 구원 받은 성도들이 어떻게 살아야 하는지 설명합니다. 본문에서 강조하듯 반복하는 표현이 있습니다. 먼저, 5장 13절 하반절에서 그 말씀을 찾을 수 있습니다.

오직 사랑으로 서로 종노릇하라

다음으로, 6장 2절 상반절에도 나옵니다.

  너희가 짐을 서로 지라

교회에서는 "서로" 종노릇하며 섬겨야 합니다. 교회에서는 짐을 "서로" 져야 합니다. 성도는 서로 종이 되어 섬기는 사람들입니다. 무거운 짐을 함께 지는 사람들입니다. 이것이 한 몸 된 교회의 모습입니다.

예전에 섬기던 교회에서는 봄이 되면 함께 모여 예배당 대청소를 했습니다. 교인들이 정말 많이들 오셨습니다. 무거운 의자를 끙끙대며 한곳으로 밀어 놓고, 세제를 물에 풀어 바닥에 쫙 뿌리고 닦았습니다. 저마다 걸레를 들고 예배당 의자를 하나 하나 깨끗이 닦았습니다.

이제는 그렇게 하기 힘듭니다. 평일에 나와서 대청소로 섬길 교인들이 많지 않기 때문입니다. 그래서 대부분 교회에서는 외주를 주어 예배당 청소를 합니다. 예배당 청소를 외부 용역에 맡기는 것이 잘못되었다는 말이 아닙니다. 다만 교인들이 함께 모여 수고하는 모습을 점차 보기 힘들어지는 게 안타까울 따름입니다.

모두가 바쁘게 살아갑니다. 직장인은 직장인대로, 학생은

학생대로 자투리 시간조차 허투루 쓰지 못할 만큼 바쁩니다. 이 사회가 사람들을 바쁘게 살아가도록 만들고 있습니다. 분위기가 이렇다 보니 점점 함께 수고하는 것이 힘들어집니다. 교회 안에서 헌신하는 몇몇 사람이 맡아야 하는 사역의 양이 늘 수밖에 없습니다. 그러다 보면 그 사람도 지치게 됩니다.

교회 사역의 총량과 사역을 감당하는 사람의 관계를 분수로 표현하면 다음과 같습니다.

$$\text{한 사람이 감당할 사역의 양} = \frac{\text{사역의 총량}}{\text{사역하는 사람의 수}}$$

분수에서 값을 줄이는 방법은 두 가지가 있습니다. 분자의 값(사역의 총량)을 줄이거나 분모의 값(사역하는 사람의 수)을 늘리면 됩니다.

교회에서 한 사람이 감당해야 할 사역의 양을 줄이려면 어떻게 해야 할까요? 물론 교회에서 중요하지 않은 사역을 줄여야 하겠지요. 하지만 아무리 줄여도 교회가 반드시 감당해야 하는 사역이 있습니다. 분자의 값을 줄이는 데는 한계가 있습니다.

그렇다면 한 사람이 감당해야 할 사역의 양을 줄이는 방법은 하나입니다. 분모의 값을 늘리면 됩니다. 교회에서 함께 사역하는 사람의 수가 많아지면 됩니다. 함께 섬기는 사람이 많아질수록 한 사람이 감당해야 하는 사역의 양은 줄어들기 마련입니다.

교회는 서로 짐을 지는 공동체입니다. 서로 종노릇하는 공동체입니다. 하나님은 각 사람에게 은사를 주셨습니다. 이 은사는 사람마다 다릅니다. 비록 사람들 눈에 멋져 보이는 은사가 아닐 수도 있습니다. 하지만 하나님이 주신 은사이기에 전부 소중하고 특별합니다.

우리는 이 은사를 가지고 그리스도의 몸 된 교회를 섬겨야 합니다. 교회의 어떤 영역에서든 어떤 모양으로든 내가 섬기는 자리가 있어야 합니다. 이렇게 각 사람이 자신의 역할을 감당할 때 그 교회는 예수님 안에서 아름답게 성장할 수 있습니다.

4. 교회, 하나님의 집

교회에 대한 두 번째 비유를 보겠습니다. 디모데전서 3장 15절입니다.

> 만일 내가 지체하면 너로 하여금 하나님의 집에서 어떻게 행하여야 할지를 알게 하려 함이니 이 집은 살아 계신 하나님의 교회요 진리의 기둥과 터니라

이 본문에서는 교회를 "하나님의 집"에 빗대고 있습니다. 여기서 '집'에 해당하는 헬라어는 '오이코스'입니다. 우리가 집이라고 할 때 보통 두 가지 의미를 가집니다. 하나는 건물로

서의 집입니다. 우리가 살고 있는 주택을 가리킵니다. 그리고 집이라는 단어는 건물이 아닌 다른 것을 말할 때도 자주 사용됩니다. '즐거운 나의 집'이라는 동요 아시죠? "즐거운 곳에서는 날 오라 하여도 내 쉴 곳은 작은 집 내 집뿐이리." 여기서 집은 그저 건물만을 의미하지 않습니다. 아무리 좋은 곳이 있더라도 내 쉴 곳은 내 집뿐이라고 말할 때 이 집은 단순한 건물이 아니라 집안에 함께 사는 가족을 가리킵니다.

집은 가족이 함께 사는 건물을 의미하기도 하지만 가족 자체를 뜻하기도 합니다. 교회를 하나님의 집이라 할 때도 마찬가지입니다. 건물로서의 집과 가족으로서의 집, 두 가지 모두를 의미합니다.

하나님의 가족

에베소서 2장 19절을 보겠습니다.

> 그러므로 이제부터 너희는 외인도 아니요 나그네도 아니요 오직 성도들과 동일한 시민이요 하나님의 권속이라

이 구절 마지막에서 바울은 에베소 교인들을 향해 이제

너희가 하나님의 권속이라고 말합니다. '권속'이라는 말을 헬라어로 보면 디모데전서 3장 15절에서 사용된 '오이코스'라는 말이 사용되었습니다. 다른 번역 성경에서는 이를 하나님의 가족으로 번역합니다.

교회는 하나님의 가족입니다. 하지만 우리가 처음부터 하나님의 가족이었던 것은 아닙니다. 에베소서 2장에서는 우리가 본래 어떤 자들이었는지 이야기하고 있습니다. 2장 2절에서 바울은 우리가 공중의 권세 잡은 자인 사탄을 따르던 자들이라고 설명합니다. 2장 11-12절에 따르면 우리는 이방인이었습니다. 그리스도 밖에 있던 자들입니다. 약속의 언약들에 대하여 외인들이었습니다. 우리는 하나님과 아무런 관계가 없던 자들이었습니다. 하나님의 가족은커녕 하나님과 원수 사이인 자들이었습니다.

이랬던 우리가 이제 하나님의 가족이 되었습니다. 어떻게 하나님의 가족이 되었습니까? 에베소서 2장 13절은 이렇게 말합니다.

이제는 전에 멀리 있던 너희가 그리스도 예수 안에서 그리스도의 피로 가까워졌느니라 무엇이 우리를 하나님의 가족으로 만들었습니까? 바로 그리스도의 피입니다. 예수님의 보혈 때문에 우리는 하나님의 가족이 되었습니다.

우리나라에서 가족을 떠올릴 때 가장 중요하게 생각하는 요소가 바로 핏줄입니다. 같은 피가 흐르고 있느냐 하는 점을 아주 중요하게 생각합니다. 그런 면에서 예수님을 믿는 사람들은 모두 한 핏줄이라 할 수 있습니다. 육체적으로야 어떤 사람은 A형, 어떤 사람은 B형 등으로 제각각 다르겠지요. 하지만 영적으로는 다같이 한 혈액형을 가지고 있습니다. 우리의 혈액형은 JB형입니다. 무엇의 약자일까요? Jesus Blood, 즉 예수님의 피입니다. 교회는 다같이 예수님의 피가 흐르는 한 가족입니다.

또 교회를 가족이라고 할 때 간과해서는 안 될 중요한 사실이 있습니다. 한 가족이라면 아버지가 같을 것입니다. 교회도 마찬가지입니다. 한 분 하나님을 다같이 아버지라고 고백합니다. 교회는 한 분 하나님을 아버지라 부르고, 같은 피가 흐르는 정말로 한 가족입니다.

가족이라는 말의 의미

가족은 서로에게 어떤 존재입니까? 신경숙의 소설, 『엄마를 부탁해』에 보면 이런 문구가 나옵니다.

> 가족이란 밥을 다 먹은 밥상을 치우지 않고 앞에 둔 채로도 아무렇지 않게 다른 일을 할 수 있는 관계다. 어질러진 일상을 보여주기 싫어하는 엄마 앞에서 내가 엄마에게 손님이 되어버린 것을 깨달았다.

느낌이 오시나요? 어질러진 밥상을 보여주어도 아무렇지 않은 관계, 나의 약한 모습과 부족한 모습을 그대로 내보일 수 있는 관계가 바로 가족입니다. 가족은 같은 편입니다. 아무리 못나고 부족해도 가족이기에 우리 편입니다. 좀 실수하고 잘못해도 가족이기에 받아줄 수 있습니다.

대학교 다닐 때 교양 과목으로 철학 수업을 들었습니다. 첫 시간에 교수님이 이런 질문을 하셨습니다. "한 교통경찰관이 있습니다. 어느 날 도로에서 신호위반을 한 차량을 발견해서 잡았습니다. 자동차 창문을 여는데 보니 그 교통경찰관의 아버지입니다. 만약 여러분이 그 교통 경찰관이라면 어떻게 하겠습니까? 법과 원칙을 지켜 딱지를 떼겠습니까? 아니면 그냥 보내주겠습니까? 어떻게 하시겠습니까?" 선택하기가 쉽지 않지요?

교수님은 이 이야기를 통하여 동양적 사고와 서양적 사고의 차이를 설명해 주셨습니다. 서양의 합리주의적 사고로 보면 당연히 아버지에게 딱지를 떼어야 합니다. 이것이 정당하고 옳은 선택입니다. 하지만 동양적 사고로 보면 좀 다릅니다. 아버지와 자녀의 관계는 법 이전에 생긴 관계입니다. 하늘이 맺어준 관계입니다. 그렇기에 아들이 아버지에게 교통 법규를 어겼다는 이유로 딱지를 떼는 것은 옳지 않습니다. 교수님은 이런 식으로 설명하셨습니다. "가령 자녀가 범죄를 저지르고 집에 숨어 들어왔을 때 부모가 이를 경찰에 신고하기는 쉽지 않겠지요."

물론 가족이 범죄를 저질렀을 때 이를 얼렁뚱땅 넘어가도 된다는 말이 아닙니다. 법은 지켜야 합니다. 가족이라도 법집행은 원칙대로 해야죠. 그래야 사회가 바로 설 수 있으니까요. 하지만 아무리 엄격하게 법을 지키더라도 그 대상이 가족이라면 깊은 고민에 빠질 수밖에 없습니다.

교회에서도 성도들 사이에 이런 마음이 있어야 합니다. 교회에서 만난 성도라면, 가족끼리만 나눌 수 있는 마음을 서로에게 보여야 합니다. 가족이라면 그 마음이 남을 대할 때와 같을 수 없습니다. 자식이 아무리 잘못을 해도 다른 사람들이 제 자식을 욕하면 화나고 속상한 법입니다.

우리는 때로 실수합니다. 약해서 넘어지기도 다반사입니다. 하지만 가족이라면 다른 사람들이 그것을 가지고 비난하고 지적할 때 같은 편을 들어주어야 하지 않겠습니까? 불법을 저지른 게 아니라면 그 부족한 점을 품어 주어야 하지 않겠습니까? 교회는 서로가 서로에게 힘이 되고, 약하고 부족한 점을 감싸 안아 주는 공동체입니다.

교회가 하나님의 가족이라는 말에는 또 다른 의미가 있습니다. 교회가 하나님의 가족이라면 그 집의 가장은 바로 하나님입니다. 교회는 한 분이신 하나님을 아버지라 부릅니다.

그렇다면 교회는 어떻게 운영되어야 합니까? 누구의 뜻대로 움직여야 합니까? 아버지 되시는 하나님의 뜻대로 움직여야 합니다. 하나님의 뜻이 교회 안에서 나타나야 합니다. 하나님이 원하시는 방향대로 교회가 나아가야 합니다.

요즈음 교회의 세속화를 우려하는 분들이 많습니다. 교회가 세상을 따라간다는 말을 많이 합니다. 기업의 마케팅 강의나 자기계발 강의에서 들을 수 있는 이야기가 교회에서 들리기도 합니다.

여기서 우리가 오해하지 말아야 할 것이 있습니다. 세상의 학문적 성과를 교회가 무시해야 한다는 이야기가 아닙니다. 처음 기독교 교리가 체계를 잡는 과정에서도 헬라 철학이 이용되었습니다. 헬라 철학이라는 도구를 통해 기독교의 진리를 좀 더 잘 설명할 수 있었던 것입니다.

또 다른 예를 들어볼까요? 애굽에서 나온 이스라엘 백성이 광야에서 성막을 짓던 때를 생각해 보겠습니다. 그 때 성막을 지었던 재료들이 어디에서 난 것입니까? 광야에서 난 것이 아닙니다. 이스라엘 백성이 애굽에서 가지고 나온 것입니다. 애굽에서 얻은 금은보화로 하나님의 성막을 지은 셈입니다. 학문과 신앙은 서로 반대되는 개념이 아닙니다. 교회는 세상의 학문적 성과를 통해 많은 유익을 얻을 수 있습니다.

문제는 주객이 뒤바뀌는 때입니다. 교회가 주체가 되어 성경적 기준을 세우고 학문적 성과를 이용해야 하는데 그렇게 하지 못합니다. 오히려 세상의 방법이 주체가 되는 바람에 그것이 성경적으로 옳은지 그른지 판단하지 못한 채 끌려다니기 일쑤입니다. 오늘날 교회가 비난 받는 것이 바로 이 점입니다. 물론 교회가 세상과 떨어져 살 수 없습니다. 세상 속에 있어야 합니다. 하지만 세상과 달라야 합니다. 세상과 구별되어야 합니다.

교회가 하나님이 가장 되시는 하나님의 집이라면, 세상의 뜻이 아니라 아버지인 하나님의 뜻대로 움직여야 합니다. 교회가 거세게 밀려오는 세속화의 물결에 휩쓸리지 않고 오직 하나님의 뜻을 따라 성경적 가치관을 지킬 수 있도록 다같이 경계하며 기도해야 합니다.

진리의 기둥과 터

둘째, 교회가 하나님의 집이라고 할 때 이는 건물에 대한 비유이기도 합니다. 이 장을 시작할 때 언급한 디모데전서 3장 15절을 다시 보겠습니다.

> 이 집은 살아 계신 하나님의 교회요 진리의 기둥과 터니라

이 구절에서는 "기둥과 터"라는 표현이 사용됩니다. 교회를 건축물에 비유해 설명한 것입니다. 반복해서 말씀드리지만 교회는 건물이 아닙니다. 하지만 건물에 비유함으로 중요한 통찰을 얻을 수 있습니다.

바울은 교회를 가리켜 진리의 기둥과 터라고 말합니다. 교회가 진리를 지탱하는 기초이자 진리를 세우는 기둥이 된다

는 말입니다. 곰곰이 생각해 보면, 이 말이 평소에 우리가 하는 말과는 좀 다르다는 것을 알 수 있습니다. 보통은 진리가 교회의 터와 기둥이라고 말합니다. 에베소서 2장에서는 교회가 사도들과 선지자들의 터 위에 세우심을 받았다고 말합니다. 사도들과 선지자들의 터란 그들의 가르침을 말합니다. 즉, 진리의 말씀이 교회의 기초가 되는 것입니다. 뿐만 아니라 진리의 말씀은 교회를 세우는 기둥이 됩니다. 진리의 말씀이 제대로 선포되지 않는 교회는 무너질 수밖에 없습니다. 진리는 교회를 지탱하는 힘입니다.

그런데 디모데후서 3장 15절은 반대로 이야기합니다. 교회가 진리의 기둥과 터가 된다고 말합니다. 즉 진리가 튼튼하게 서서 무너지지 않도록 기초와 기둥 역할을 하는 것이 교회라는 말입니다.

이쯤에서 우리는 교회와 진리의 말씀과의 관계를 다시 한 번 생각해 보아야 합니다. 진리는 교회의 반석과 기둥이 됩니다. 하지만 반대로 교회 역시 진리의 반석과 기둥이 됩니다. 그렇다면 교회가 진리의 터와 기둥이 된다는 것은 무슨 말입니까?

'터'에 해당하는 헬라어는 '헤드라이오마'입니다. 이는 건물의 지주, 받침대, 기초를 의미하는 단어입니다. 이 터는 건물의 기초가 되어 건물이 무너지지 않게 받쳐주는 역할을 합니다. 교회가 진리에 대하여 이렇다는 말입니다. 교회는 진리를 안전하게 받치는 곳입니다. 교회는 진리가 쓰러지거나 떨어지지 않고 온전히 설 수 있는 든든한 기초가 됩니다. 교회가 진리를 보호해야 합니다.

요즈음 이단의 공격이 심상치 않습니다. 사람들은 왜 이렇게 이단들이 설치는지에 대해 여러 분석을 내놓습니다. 그중에서 기존 교회의 잘못을 비판하는 의견이 많습니다. 교회가 진리의 말씀을 제대로 가르치지 못하기에 이단이 득세한다는 것입니다.

교회는 진리를 사수해야 합니다. 진리를 왜곡하는 이단의 공격으로부터 진리의 말씀을 보호해야 합니다. 초대 교회 역사는 바로 이 진리를 어떻게 사수해야 하는지를 잘 보여줍니다. 우리가 지금도 어려워하는 교리들이 있습니다. 삼위일체나 예수님의 양성론 같은 것들이지요. 어떻게 세 분이신 하나님이 하나가 되실 수 있는가? 어떻게 예수님의 한 인격 안에 인성과 신성이 동시에 존재할 수 있는가?

초대 교회 이후 여러 종교회의를 통해 삼위일체론과 양성론에 관한 교리가 확정되었습니다. 오랜 기간 지속적으로 모여 회의를 연 것은 이단들의 공격 때문이었습니다. 예수님이 하나님이라는 사실을 부인하는 이단, 예수님이 참 인간이라는 사실을 부인하는 이단의 공격에 맞서 교회는 참 진리를 수호하기 위해 많은 논의를 했고 지금의 교리를 완성했습니다.

오늘날에도 교회는 진리를 수호하기 위해 앞장서야 합니다. 이단들의 공격을 이겨내야 합니다. 교회를 향해 강력하게 불어오는 세속화의 바람, 자유주의의 바람에 맞서 진리를 지켜야 합니다. 말씀의 본질을 흐리는 잘못된 흐름 속에서 교회는 진리를 사수하는 일에 최선을 다해야 합니다.

또한 교회는 진리의 기둥입니다. 여기서 기둥에 해당하는 헬라어는 '스틸로스'입니다. 이 단어는 '기둥' 또는 '원주'를 의미합니다. 그리스 로마 시대 건축물에서 흔히 볼 수 있는 커다란 기둥을 떠올리면 될 것입니다.

디모데전서는 바울이 디모데에게 쓴 편지입니다. 이 편지를 받을 때 디모데는 에베소에 있었습니다. 당시 에베소는 아데미 신전이 있는 곳으로 유명했습니다. 그리스 로마 신들의 신전에는 이오니아식 기둥이 세워져 있습니다. 수백 개의 원주가 열을 맞춰 신전의 지붕을 떠받치는 형태입니다. 지금도 성지 순례를 위해 에베소 유적지에 가면 이러한 기둥을 확인할 수 있습니다.

이러한 원주는 지붕을 든든히 받쳐 줄 뿐 아니라 지붕을 높이 올려 어디서나 지붕이 잘 보이게 하는 역할을 합니다. 교회는 진리의 기둥이라 했습니다. 교회는 진리를 떠받쳐야 합니다. 세상 사람들이 잘 볼 수 있게 높이 들어야 합니다. 그리고 무엇보다 진리를 자랑해야 합니다.

세상 사람들이 교회를 통해 무엇을 보아야 합니까? 교회는 세상을 향해 무엇을 드러내야 합니까? 화려한 건물입니까? 눈과 귀를 사로잡는 화려한 퍼포먼스입니까? 아닙니다. 교회는 세상 사람들에게 진리를 보여 주어야 합니다. 진리를 선포해야 합니다. 진리를 들려주어야 합니다. 이것이 교회가 해야 하는 역할입니다.

그렇다면 교회가 드러내야 하는 진리가 무엇입니까? 교회가 사수하고 보호해야 하는 진리가 과연 무엇입니까? 디모데전서 3장 16절에 보면 답이 나와 있습니다.

크도다 경건의 비밀이여, 그렇지 않다 하는 이 없도다 그는 육신으로 나타난 바 되시고 영으로 의롭다 하심을 받으시고 천사들에게 보이시고 만국에서 전파되시고 세상에서 믿은 바 되시고 영광 가운데서 올려지셨느니라 교회가 드러내야 하는 진리가 무엇입니까? 누구에 대한 이야기입니까? 오랫동안 비밀이었지만 이제는 알려진 이름, 육신으로 나셨으나 영으로 의롭다 하심을 받으신 분, 천사들에게 보이시고 만국에 전파 되신 분, 세상에서 믿은 바 되시고 영광 가운데 올려지신 분. 바로 예수 그리스도입니다. 이 예수 그리스도가 교회가 사수하고 알려야 할 진리입니다.

교회는 이 예수님을 모퉁이돌 삼아 세워진 건물입니다. 교회의 기초는 바로 예수님입니다. 이제 이렇게 세워진 교회가 진리이신 예수님을 세상에 드러내야 합니다. 오직 예수님만이 우리의 구원자라는 복음의 비밀을 수호하고, 이 비밀을 세상에 선포해야 합니다. 바로 이러한 교회가 진리의 기둥과 터 역할을 온전히 감당할 것입니다.

5. 교회, 진리 위에 세워진 공동체

어린 시절 미술 시간에 찰흙으로 만들기를 하곤 했습니다. 찰흙을 긴 가래떡처럼 빚어 동그란 그릇을 만들던 기억이 납니다. 이처럼 작고 단순한 모양은 찰흙으로 쉽게 빚을 수 있습니다. 크기가 커지면 얘기가 달라집니다. 그냥 찰흙으로만 빚으면 곧 무너져 내립니다. 그래서 사용하는 것이 있습니다. 철사입니다. 뼈대 역할을 하는 철사로 대략적인 틀을 먼저 갖춘 다음 찰흙을 그 위에 덧붙이는 겁니다. 그러면 원하는 크기와 모양으로 튼튼하게 만들 수 있습니다.

실제로 건물을 세울 때 철근 콘크리트를 사용하는 것이 이와 비슷한 원리입니다. 그냥 벽돌을 쌓아 벽을 세우는 것보다 철근을 넣어 벽을 쌓으면 훨씬 튼튼해집니다. 철근이 있어야 건물을 크고 높게 지을 수 있습니다.

교회는 하나님의 집입니다. 여기서 집이 가족을 의미하기도 하지만 비유적으로 건물을 의미한다는 점을 앞 장에서 살펴보았습니다. 교회인 우리는 하나님의 집으로 잘 지어져야 합니다. 그러려면 무엇보다 뼈대부터 튼튼해야 합니다. 그냥 벽돌만 쌓아서는 부족합니다. 기초를 잘 닦고 철근으로 뼈대를 튼튼하게 해야 교회가 무너지지 않고 성장할 수 있습니다.

그렇다면 교회를 튼튼하게 만드는 뼈대는 무엇일까요? 에베소서 4장 15절은 이렇게 말합니다.

오직 사랑 안에서 참된 것을 하여 범사에 그에게까지 자랄지라 그는 머리니 곧 그리스도라

교회인 우리는 예수님에게까지 자라야 합니다. 어떻게 그럴 수 있습니까? "오직 사랑 안에서 참된 것을 하여" 자랄 수 있습니다. 여기서 참된 것이란 진리를 가리킵니다. 즉, 사랑 안에서 진리대로 행해야 한다는 말입니다. 쉽게 말해 사랑 안에서 진리를 붙잡고 보존하라는 것입니다.

사랑과 진리, 이 두 가지가 교회를 세우는 중요한 뼈대이자 요소입니다. 이번 장에서는 이 중 진리에 대하여 살펴보겠습니다.

진리 위에 세워진 교회

교회를 튼튼하게 세우기 위한 기초와 뼈대는 바로 진리의 말씀입니다. 교회를 올바로 세우려면 진리를 터와 골조로 삼아야 합니다. 오직 진리의 말씀만이 영원하기 때문입니다. 베드로전서 1장 24-25절에서는 이렇게 말합니다.

> 24 그러므로 모든 육체는 풀과 같고 그 모든 영광은 풀의 꽃과 같으니 풀은 마르고 꽃은 떨어지되 25 오직 주의 말씀은 세세토록 있도다 하였으니 너희에게 전한 복음이 곧 이 말씀이니라

이사야 40장 6-8절을 인용한 말씀입니다. 본래 이사야서는 포로로 끌려가 고난당하는 이스라엘 백성을 위로하기 위한 목적이 있습니다. 모든 육체는 풀과 같고 모든 영광은 풀의 꽃과 같습니다. 풀은 마르고 꽃은 시들어 떨어집니다. 지

금 하나님의 자녀를 억압하는 세상의 권세와 영광은 풀과 같고 꽃과 같습니다. 당장은 파릇파릇하고 봉우리를 활짝 펴 그 권세가 영원할 것 같아 보입니다. 하지만 권불십년이라 했습니다. 아무리 영원할 것 같은 세상의 권세와 영광도 언젠가 사라지고 없어질 것입니다.

이에 반해 아무리 오랜 시간이 지나도 없어지지 않는 것이 있습니다. 주의 말씀, 즉 하나님의 말씀이 그렇습니다. 하나님의 말씀은 곧 진리의 말씀입니다. 그러니 이 진리의 말씀이라는 기초 위에 진리의 말씀으로 뼈대로 삼아 교회를 세우는 것이 당연하지 않겠습니까?

교회는 처음부터 진리의 말씀 위에 세워졌습니다. 마태복음 16장에는 유명한 사건이 등장합니다. 베드로가 예수님 앞에서 신앙을 고백하는 장면이지요. 예수님이 "너희는 나를 누구라 하느냐?"라고 물으시자 베드로가 고백합니다.

주는 그리스도시요 살아 계신 하나님의 아들이시니이다

이 대답을 듣고 예수님은 그때까지 시몬이라 불리던 그의 이름을 베드로로 바꾸어 주십니다. 베드로는 '반석'을 의미합니다. 그러면서 이 반석 위에 교회를 세우겠다 말씀하십니다.

로마가톨릭은 이 구절을 근거로 교황 권위의 절대성을 주장합니다. 베드로를 통해 교회가 세워졌고, 이 베드로가 바로 1대 교황이라고 주장합니다. 그러므로 교황의 권위가 절대적이라고 말합니다. 우리는 그렇게 이야기하지 않습니다. 여기서 반석은 베드로 개인을 가리키는 것이 아니라 그의 신앙고백을 가리킵니다. 예수님을 메시아로, 하나님의 아들로 고백한 그의 신앙 위에 교회가 세워진 것입니다. 오직 예수님만이 하나님의 아들이라는 진리 위에 교회가 서 있습니다.

에베소서 2장 20절도 마찬가지입니다.

> 너희는 사도들과 선지자들의 터 위에 세우심을 입은 자라 그리스도 예수께서 친히 모퉁잇돌이 되셨느니라

이 구절에는 "사도들과 선지자들의 터"라는 표현이 나옵니다. 교회는 이 터 위에 세워졌습니다. 사도들과 선지자들의 터라 하면, 사도들과 선지자들 각각의 인격이나 직책을 가리키는 게 아닙니다. 그들의 교훈을 가리킵니다. 그들이 전하여 준 하나님의 말씀을 가리킵니다. 즉 교회는 하나님의 말씀이라는 기초 위에 세워졌습니다.

이처럼 교회의 기초는 진리의 말씀입니다. 그렇기에 교회

가 든든하게 서기 위해서는 이 진리의 말씀으로 뼈대를 삼아야 합니다. 이 진리의 말씀을 단단히 붙잡아야 합니다.

그렇다면 오늘날 교회가 견고하게 붙잡아야 할 진리의 말씀은 무엇입니까? 현대 사회를 가리켜 포스트모더니즘 시대라고 이야기합니다. 포스트모더니즘은 절대적인 진리를 인정하지 않습니다. 절대적인 진리가 없다는 것만이 절대적 진리라는 모순적인 명제가 통하는 시대가 바로 오늘날입니다. 절대적 가치보다는 상대적 가치를 중요하게 여깁니다. 변하지 않는 가치란 없다고 주장합니다. 교회는 이러한 시대 속에서 변하지 않는 진리를 붙들고 지켜야 합니다.

오늘날 세상이 유독 강하게 공격하고 흔들려 하는 진리가 있습니다. 그 가운데 두 가지를 살펴보려 합니다.

정확무오한 하나님의 말씀

하나는 성경 66권이 정확 무오한 하나님의 말씀이라는 진리입니다. 이 이야기가 대체 무슨 말인가 할 수도 있습니다. 성경이 하나님의 말씀이라는 것이 너무나 당연한 이야기 같기 때문입니다. 하지만 현대에 들어오면서 성경이 무오한 하나님의 말씀이라는 진리는 끊임없이 공격 받고 있습니다.

이는 성경에 두 가지 성격이 있기 때문입니다. 성경은 인간의 책이면서 동시에 하나님의 책입니다. 우선 성경은 인간의 책입니다. 성경을 기록한 다양한 저자들이 있습니다. 이들은 자신들이 처한 환경과 상황 아래서 성경을 기록했습니다. 덕분에 우리는 시대를 뛰어넘는 다양한 사람들이 전해 주는 풍성한 삶의 이야기를 성경을 통해 읽을 수 있습니다.

동시에 성경은 하나님의 책입니다. 하나님이 저자들을 감동하셔서 오류 없이 기록하게 하셨기 때문입니다. 이것을 가리켜 '영감되었다'고 이야기합니다.

하지만 오늘날 많은 현대 신학자들이 이 성경의 영감설을 부인합니다. 성경의 어떤 부분은 하나님의 말씀이고, 어떤 부분은 그냥 당시 전승들을 모아 놓은 인간적인 작품이라고 이야기하면서 성경을 난도질합니다. 이들의 주장을 들어 보면 나름 논리를 갖추고 있습니다. 더 나아가 최신의 학문적 성과를 근거로 자신들의 주장을 더욱 공고히 발전시키고 있습니다.

문제는 학자들마다 생각이 다르다는 거지요. 학자들마다 어떤 것이 정말 하나님의 말씀인지에 대한 정의가 다릅니다. 시대가 바뀌어 또 다른 학문적 성과가 나오면 기존의 학설 역시 무너지기 마련입니다. 절대적인 진리는 없어지고, 시대와 사람에 따라 진리를 판단하는 기준이 달라집니다. 그들의 주장처럼 성경의 일부만 하나님의 말씀이라면 그것을 판단하는 기준은 어떻게 세워야 할까요? 이 기준이 사람에 따라 시대에 따라 달라진다면 더 이상 무엇이 옳고 그른지 판단할 수 없을 것입니다. 이들의 이야기는 학문적 성과로 포장된 자의적인 주장일 뿐입니다. 이들의 주장 역시 시간이 지나면 다른 이들의 주장에 의해 도태될 것입니다. 하지만 성경은 시간이 지나도 변하지 않는 정확무오한 하나님의 말씀입니다.

그런데 학자들만 이렇게 합니까? 우리도 성경 말씀을 부분적으로 받아들이지 않나요? 물론 학자들처럼 학문적인 연구를 통해 하나님의 말씀을 난도질하듯 하지는 않습니다. 하지만 다른 방식으로 하나님의 말씀을 폄훼합니다. 단순하게 정리하면, 우리는 자신도 모르게 하나님의 말씀을 둘로 나누곤 합니다. 내가 따르고 순종할 수 있는 말씀과 내가 따르고 순종할 수 없는 말씀으로 말입니다. 내게 좋아 보이는 말씀은 하나님의 말씀이라고 좋아하고 묵상하며 위로를 받습니다. 하지만 내 삶을 버겁게 하는 말씀은 하나님의 진리의 말씀이 아니라는 듯 애써 외면합니다.

'선택적 순종'(selective obedience)이라는 말이 있습니다. 말씀 중에서도 나에게 이익이 되는 말씀, 내가 받아들일 만한 말씀만 선택해서 순종하는 것입니다. 기준이 더 이상 하나님의 말씀에 있지 않습니다. 내가 기준이 됩니다.

'내가복음'이라는 말도 있습니다. 나에게 좋은 말씀만 모아 성경을 만들면 내가 주인이 되는 복음으로 왜곡됩니다. 예수님의 복음이 아니라 나의 복음입니다.

성경을 가리켜 '정경'이라는 말을 사용하기도 합니다. 정경은 라틴어로 '캐논'입니다. 캐논이라는 단어는 '자, 척도' 등을 뜻합니다. 성경이 곧 척도이자 기준이라는 뜻입니다. 그런데 오히려 반대로 가고 있습니다. 점차 내가 중심이 되고, 내 상황이 기준이 되는 경우가 많습니다. 기준은 내가 아닙니다. 하나님의 말씀입니다. 내가 하나님의 말씀을 판단하는 것이 아니라 하나님의 말씀이 나를 판단해야 합니다.

성경은 하나님의 진리의 말씀이기에 우리는 이 안에 담긴 모든 교훈에 순종해야 합니다. 정확무오한 하나님의 말씀을 굳게 붙잡아야 합니다. 하나님의 말씀 앞에서 우리는 선택적 순종이 아닌 온전한 순종으로 반응해야 합니다.

구원의 한 길, 예수 그리스도

세상이 강하게 공격하고 흔들려 하는 또다른 진리가 무엇일까요? 오직 예수님만이 우리의 유일한 구원의 길이라는 진리입니다.

그리스도인은 그리스도의 사람이라는 뜻입니다. 그리스도 예수를 믿고 따르는 사람이라는 말이지요. 하지만 이는 단순히 그리스도를 지지한다거나 좋아해서 그의 가르침을 따르는 차원에서 하는 말이 아닙니다. 어떤 학자의 이론을 따르는 사람들을 가리켜 그의 이름을 앞에 붙이고는 누구 누구 학파라고 부릅니다. 예를 들어 프로이드 학파 같은 것이겠지요.

하지만 그리스도인은 단순히 그리스도 학파 같은 것을 의미하지 않습니다. 오직 그리스도 예수의 이름으로 구원 받은 사람이라는 의미가 그 중심에 자리하고 있습니다. 예수님만이 유일하신 우리의 구원자시라는 고백이 담겨 있습니다. 예수님의 이름 외에 달리 구원을 얻을 방도가 없기 때문입니다. 교회는 오직 예수 그리스도를 통해 구원을 받은 성도, 즉 그리스도인들의 모임입니다.

하지만 오늘날 오직 예수님만이 구원의 길이라고 이야기하면 세상에서 많은 비난을 받습니다. 다른 종교에 대한 포용성이 부족한 독선적인 사람이라고 낙인 찍힙니다.

요즈음 한창 종교다원주의가 유행하고 있습니다. 그에 따르면, 구원이라는 산 정상은 하나이지만 어떤 사람은 기독교를 통해, 어떤 사람을 불교를 통해, 어떤 사람은 이슬람교를 통해 그 정상에 오를 수 있다고 합니다. 예수님 말고도 구원이라는 정상에 오르는 길이 다양하다는 것이지요. 이러한 주장이 현대인들의 구미를 만족시키면서 사람들은 당연한 진리로 받아들이고 있습니다.

우리는 이렇게 배우지 않았습니다. 성경은 이렇게 말하지 않습니다. 오직 인간이 구원을 얻을 길은 예수 그리스도밖에 없습니다. 앞에서 우리는 예수님이 곧 성전이시라는 사실을 보았습니다. 성전은 하나님과 인간이 만나는 곳입니다. 오직 성전 되신 예수님을 통해, 예수님의 십자가를 통해 우리는 하나님께 나아갈 수 있습니다. 우리는 오직 예수님만이 우리의 구원자 되신다는 이 진리를 흔들림 없이 굳게 붙잡아야 합니다.

여기서 생각해 볼 점이 하나 더 있습니다. 예수님이 구원자 되신다는 사실이 가지고 있는 또 다른 의미입니다. 앞에서 우리는 마태복음 16장에 기록된 시몬 베드로의 신앙고백을 살펴보았습니다. 그 고백은 다음과 같습니다.

주는 그리스도시요 살아 계신 하나님의 아들이시니이다

당시 예수님과 베드로의 대화가 이루어진 장소는 빌립보 가이사랴였습니다. 구약시대에 이곳은 바알갓(수 11:17), 곧 행운의 신을 섬기던 곳이었습니다. 그리스 로마 시대에 와서는 이곳에 여러 신들의 신전이 있었습니다.

헤롯대왕이 죽고 난 후 갈릴리 북동부 지역 분봉왕이 된 헤롯 빌립이 이 도시를 재건합니다. 그러면서 로마의 황제인 가이사 티베리우스에게 경의를 표하기 위해 이름을 가이사랴 빌립보로 바꿉니다. 나중에 헤롯의 증손자인 아그립바 2세가 이 도시를 물려받을 때 당시 로마의 황제였던 네로에게 경의를 표하기 위해 이름을 네로니아스로 바꾸게 됩니다. 즉 가이사랴 빌립보는 황제에게 바쳐진 황제의 도시입니다.

이 황제를 위한 도시에서 베드로가 신앙고백을 하고 있습니다. 당시 세상은 황제의 세상이었습니다. 로마 황제가 세상을 온통 지배하던 시대였습니다. 그러기에 당시에 '주'라고 하면 바로 로마 황제를 의미했습니다.

베드로의 신앙고백은 이러한 세상에서 진짜 이 세상의 주가 누구인지를 보여 주고 있습니다. 세상의 주인이 로마의 황제가 아니라 우리의 구원자이자 하나님의 아들 예수 그리스도라는 사실을 고백하고 있습니다. 예수님은 우리의 구원자가 되십니다. 동시에 우리의 주이십니다. 주는 주인이라는 말입니다. 예수님은 우리의 구원자이실 뿐만 아니라 우리의 주인이 되십니다.

예수님이 우리의 주인 되신다는 말을 다르게 표현하자면 우리가 그의 종이라는 말입니다. 그러기에 바울은 언제나 자신을 이렇게 소개합니다. "그리스도 예수의 종 바울."

예수님이 우리의 주인이라면, 우리는 그분의 종입니다. 종이라고 말하면 느낌이 잘 오지 않을 수 있습니다. 노예라고 하면 노골적으로 들리나요? 예수님이 사시던 로마 시대에는 많은 노예가 있었습니다. 노예 중에서도 일부 학식이 있는 사람들은 좋은 대우를 받으며 살기도 했습니다.

하지만 대부분 노예의 삶은 그렇지 않았습니다. 말 그대로 가축과 같은 삶을 살았습니다. 전쟁에서 포로로 끌려오면 누구나 짐승처럼 우리에 갇혀 지냅니다. 그러다가 노예 시장에서 경매를 통해 주인에게 팔려갑니다. 가축 거래와 다름 없었습니다. 바울은 자신을 가리켜 이러한 노예라고 말하고 있습니다.

우리의 신분이 노예라니, 썩 기분 좋게 들리진 않을 것입니다. '아니! 우리가 예수님의 종이자 노예라니! 예수님은 겨우 우리를 노예 삼으려고 구원해 주셨단 말인가?' 이런 생각이 들지도 모르겠습니다. 그렇다면 우리가 한 가지 짚고 가야 할 것이 있습니다. 우리는 예수님을 믿음으로 예수님의 종이 되었습니다. 하지만 그렇다고 해서 우리가 예수님을 믿기 전에는 자유인이었던 것이 아닙니다.

이 세상에서 단순한 흑백논리가 통하지 않을 때가 많습니다. 이 세상에는 흑과 백만이 아니라 제3의 지대가 존재하기 때문이지요. 하지만 영적인 세계에서는 제3의 지대가 존재하지 않습니다. 영적인 세계에서 인간은 둘 중 한 편에만 속할 수 있습니다. 공중의 권세 잡은 자 사탄에게 속하든지, 하나님께 속하든지 해야 하는 것입니다.

우리가 하나님께 속하지 않았다는 말은, 우리가 예수 그리스도의 종이 아니라는 말이 됩니다. 하지만 우리가 예수 그리스도의 종이 아니라는 말은, 우리가 자유로운 영혼이라는 말이 아닙니다. 오히려 사탄의 종이라는 말입니다. 예수님을 알기 전, 그리고 예수님을 믿기 전 우리는 모두 사탄의 종이었습니다.

공중의 권세 잡은 자의 종이었던 우리를 하나님이 구속하셨습니다. 구속은 꽉 붙들어 맨다는 말이 아닙니다. 꼼짝하지 못하게 만드는 말이 아닙니다. 성경에서 구속은 경제와 관련된 용어입니다. 구속은 값을 치르고 사는 행위를 말합니다. 사탄의 종이었던 우리를 하나님이 값을 치르고 사셨습니다. 이 값이 바로 예수님의 핏값입니다. 사탄으로부터 우리를 사기 위해 예수님은 핏값을 치르셔야 했습니다. 이게 바로 구속입니다. 예수님이 십자가에 못박혀 죽으심으로써 사탄에게 핏값을 치러 사셨기에 우리는 더 이상 사탄의 종이 아닙니다. 이제 우리는 예수 그리스도의 종입니다.

여기서 이상한 점이 하나 있습니다. 분명히 하나님은 우리를 값 주고 사셨습니다. 그러면 우리를 종처럼 여기시면 됩니다. 노예처럼 부리시면 됩니다. 하지만 하나님은 예수님의 피로 값을 치르고 사신 우리를 노예 취급하지 않으십니다. 우리를 아들로 대하십니다. 기업을 물려 받을 상속자라고 하십니다. 노예를 아들처럼 대하고 심지어 재산까지 상속해 주다니, 이런 주인이 세상 어디에 있겠습니까?

그럼 묻겠습니다. 사탄의 종으로 살겠습니까? 하나님의 종으로 살겠습니까? 세상을 주인으로 섬기며 살겠습니까? 예수님을 주인으로 섬기며 살겠습니까?

이 점을 확실하게 해야 합니다. 우리는 구원 받았다고 하면서, 하나님의 백성이라고 하면서 자꾸 사탄의 종으로 살려고 합니다. 예수님을 주인으로 섬긴다고 말하면서 세상을 주인으로 섬기려고 합니다. 예수님의 말씀대로 살겠다 다짐해 놓고 세상의 가치관을 좇아 살려고 합니다. 예수님은 낮아져 섬기라고 하셨는데 자꾸 높아져 군림하려고 합니다. 돈을 사모하는 것이 일만 악의 뿌리라고 하셨는데 돈을 사모하는 것을 넘어 돈을 우상처럼 섬기며 돈의 지배를 받습니다.

지금 나의 주인은 누구입니까? 예수님입니까? 세상입니까?

판단하는 방법은 간단합니다. 내 삶이 누구의 영향을 받고 있는지 살피는 것입니다. 예수님의 영향을 받아 말씀대로 살려고 애쓰고 있다면 우리는 예수님의 종입니다. 하지만 우리의 삶 가운데 말씀이 아무런 영향을 미치지 못하고 세상이 요구하는 방식 그대로 따라가고 있다면 우리는 세상의 종입니다. 우리의 주인을 결정해야 합니다. 하나님입니까? 사탄입니까? 예수님입니까? 세상입니까?

6. 교회, 흔들리지 않고 성장하는 공동체

아기 돼지 삼형제라는 동화 아시지요? 아기 돼지 삼형제가 각각 집을 짓습니다. 첫째는 지푸라기로 집을 짓고, 둘째는 나무로 집을 짓습니다. 반면 셋째는 벽돌로 집을 짓습니다. 첫째와 둘째는 지푸라기와 나무로 일찌감치 집을 지어 놓고 벽돌로 집을 짓느라 고생하는 막내를 놀립니다. 많은 시간을 들여 막내도 벽돌로 된 집을 완성했습니다.

어느 날 늑대가 아기 돼지들을 잡아먹으려고 나타납니다. 첫째가 지푸라기로 만든 자기 집으로 도망칩니다. 늑대는 바람을 후후 불어 지푸라기로 만든 집을 쉽게 날려 버립니다. 그러자 첫째는 둘째의 나무로 만든 집으로 도망칩니다. 늑대는 나무집 역시 바람을 후후 불어 쉽게 무너뜨립니다. 겁에 질린 첫째와 둘째는 셋째의 벽돌 집으로 도망칩니다. 이번에도 늑대는 바람을 후후 불었습니다. 하지만 벽돌로 만든 셋째의 집은 흔들리지 않습니다. 늑대는 배를 부풀려 있는 힘껏 바람을 불어 보지만 소용이 없습니다. 벽돌집은 꼬떡도 하지 않았습니다. 결국 늑대는 어떤 방법으로도 집이 무너지거나 흔들리지 않는다는 걸 깨닫습니다.

교회를 흔드는 것들

아기 돼지 삼형제 이야기를 꺼낸 이유는 교회도 이와 마찬가지기 때문입니다. 교회는 집입니다. 이 집이 가족을 의미하기도 하지만 비유적으로 건물을 의미하기도 한다는 점을 앞에서 살펴보았습니다. 교회가 건물로서의 집과 같다면 교회 역시 튼튼하게 지어야 합니다. 교회를 흔들고 무너뜨릴 만한 세찬 풍랑이 사방에서 불기 때문입니다. 에베소서 4장 14절을 보겠습니다.

> 이는 우리가 이제부터 어린 아이가 되지 아니하여 사람의 속임수와 간사한 유혹에 빠져 온갖 교훈의 풍조에 밀려 요동하

지 않게 하려 함이라

우리는 더 이상 어린 아이가 되지 않아야 합니다. 바울은 어린 아이가 된다는 것을 가리켜 "온갖 교훈의 풍조에 밀려 요동하는 것"이라고 설명합니다. 이 문구를 풍랑에 이리저리 휩쓸려 다니는 것으로 번역한 성경도 있습니다.

바울은 교회가 흔들리는 모습을 풍랑에 요동하는 배에 비유하고 있습니다. 조그마한 배가 파도와 바람에 휩쓸려 갈피를 잡지 못하고 이리저리 떠밀려 다니는 모습에 비유한 것입니다. 거센 바람이 불고 세찬 파도가 치더라도 교회는 흔들리지 않아야 합니다. 한 번 두 번 흔들리다 보면 무너지기 쉽기 때문입니다.

이렇게 교회를 흔드는 바람과 파도는 무엇입니까? 바울은 사람의 속임수와 간사한 유혹에 빠져 온갖 교훈의 풍조에 밀려선 안 된다고 설명합니다. 교회를 흔드는 바람과 파도는 바로 이 온갖 종류의 잘못된 교훈입니다. 믿는 사람들을 유혹하는 각종 사상이 교회를 침투할 때가 있습니다. 처음에는 뭔가 그럴 듯해 보입니다. 사람을 혹하게 만듭니다. 하지만 결국 사람을 잘못된 길로 이끌어 패망하게 만듭니다.

코로나 19의 시대를 지나면서 그동안 한국 교회를 흔들어

온 잘못된 가치관들이 겉으로 하나 둘 드러났습니다. 이 가치관들이 어느새 한국 교회의 약한 고리를 깊숙이 파고들었습니다. 코로나 19 기간 동안 슬프게도 대 확산의 중심에 한국 교회가 있었습니다. 이단으로 정죄된 종파와 교회와 선교회 등이 뉴스를 떠들썩하게 장식했지요.

이단으로 정죄된 무리들이 오히려 코로나 19 시기에 더 큰 세력으로 부각된 것은 한국 교회에 말씀이 부재했던 탓이 큽니다. 강단에서 설교는 많이 했지만, 하나님의 참된 말씀을 제대로 가르치지는 못한 것입니다. 아직 어른으로 장성하지 못한 성도들이 말씀을 왜곡하는 이단의 미혹에 쉽게 넘어가고 말았습니다.

이 시기 동안 한국 교회가 얼마나 역사의식과 사회의식이 부족한지 드러내기도 했습니다. 교회가 사회적 목소리를 내는 것이 잘못은 아닙니다. 오히려 적극적으로 내야 할 때가 있습니다. 하지만 이번에 연일 뉴스에 오르내린 특정 교회는 자신들의 이익을 위해 하나님의 이름을 이용하곤 했습니다. 교회를 자신들의 이익 추구를 위한 도구로 사용했습니다. 신앙이라는 명목으로 성도들을 유혹하고 세력 과시를 위해 선동했습니다.

교회를 흔드는 사태가 일어날 때마다 그것은 올바른 신학이 결여된 열광주의와 반지성주의와 관련되어 있습니다. 어떤 이들은 다른 건 몰라도 그들의 열심은 알아줘야 한다고 말합니다. 하지만 제대로 된 지식 없이 열정만 가득한 사람이 가장 무서운 법입니다. 바른 신학의 기초 없이 성경을 자기 입맛대로 해석한 결과가 얼마나 무서운지 우리는 역사를 통해 배워 왔습니다. 잘못된 해석을 기반으로 열심을 더한다면 그저 문제에 더 많은 문제를 낳을 뿐입니다.

말씀의 부재, 이단의 위협, 사회의식과 역사의식 부재, 잘못된 열광주의, 반지성주의, 세속적 성공주의 등과 같은 풍랑이 지금 교회를 위협하고 있습니다.

흔들리지 않고 성장하려면

세차게 부는 바람과 파도에도 교회는 요동쳐서는 안됩니다. 그러기 위해서는 교회가 어린 아이에 머물러 있어서는 안됩니다. 장성한 어른에 이르기까지 성장해야 합니다. 뿌리가 깊은 나무는 세찬 바람에도 넘어지지 않습니다. 균형이 잘 잡힌 배는 거센 파도가 밀려와도 전복되지 않고 항해를 계속합니다.

교회가 균형있게 성장하지 못하면 잘못된 교훈에 흔들리

게 됩니다. 그러면 어떻게 해야 장성한 어른으로 성장할까요? 교회가 세찬 바람과 파도에도 흔들리지 않고 굳건히 서려면 어떻게 해야 할까요?

처음에 말씀드렸던 아기 돼지 삼형제 이야기 기억하시죠? 그 이야기에서 막내 돼지는 벽돌로 튼튼하게 집을 지었습니다. 벽돌로 집을 지으려면 그냥 벽돌을 한 장 한 장 쌓아서는 안 됩니다. 젠가를 올리듯 벽돌을 쌓기만 한다면 집 모양을 갖추기도 전에 무너질 것입니다. 그래서 어떻게 하지요? 벽돌 한 장 놓고 그 위에 시멘트를 바릅니다. 그 위에 다시 벽돌을 한 장 올리고 또 다시 시멘트를 바릅니다. 이렇게 해야 벽돌로 만든 집이 튼튼해집니다.

교회도 마찬가지입니다. 교회가 집이라면, 성도 한 사람 한 사람은 그 집을 이루는 벽돌입니다. 우선 기초가 되는 벽돌 한 장 한 장이 튼튼해야 합니다. 금이 가서 곧 깨질 듯한 벽돌을 쌓으면 그 집은 금방 무너집니다. 성도 한 사람 한 사람이 진리의 말씀으로 튼튼해져야 합니다. 앞에서 우리는 이 부분에 대해 자세히 살펴보았습니다.

이제 튼튼한 벽돌 한 장 한 장을 잘 결합해야 합니다. 시멘트를 바르듯이 성도 한 사람 한 사람을 잘 연결해 연합시켜야 합니다. 그래야 흔들리지 않고 교회를 세울 수 있습니다.

그렇다면 벽돌을 튼튼하게 결합하는 시멘트는 무엇입니까? 에베소서 4장 13절을 읽어 보겠습니다.

> 우리가 다 하나님의 아들을 믿는 것과 아는 일에 하나가 되어 온전한 사람을 이루어 그리스도의 장성한 분량이 충만한 데까지 이르리니

교회는 하나님의 아들을 믿는 것과 아는 일에 하나가 되어야 합니다. 이렇게 될 때 그리스도의 장성한 분량에까지 자랄 수 있습니다. 예수님을 믿는 일과 아는 일에 하나가 되는 것, 이것이 바로 성도 한 사람 한 사람을 연결하는 시멘트입니다.

기독교만큼 지식을 강조하는 종교는 없을 것입니다. 믿는다고 해서 막연한 무언가를 무작정 믿어야 하는 것이 아닙니다. 말씀을 듣고 아는 데서 믿음이 시작됩니다. 하지만 그저 아는 데 그쳐서는 안 됩니다. 알고 깨달은 내용을 믿어야 합니다. 우리가 말씀을 듣고 배우고 연구하는 것은 단순히 말씀에 대한 지식을 늘리기 위해서가 아닙니다. 우리가 배우는 것은 믿기 위해서입니다. 그런데 아는 것과 믿는 것을 분리하는 경우가 많습니다. 그러다 보니 우리의 신앙생활이 든든히

서지 못하고 흔들리는 것입니다.

성경은 어떻게 해야 우리가 이 땅에서 형통하고 평탄한 삶을 살 수 있는지 여러 곳에서 이야기합니다. 형통한 삶을 사는 비결은 다름 아닌 말씀에 있습니다. 여호수아 1장을 비롯한 여러 본문에서는 하나같이 입을 모아 강조합니다. 하나님의 말씀을 주야로 묵상하고 그 말씀대로 살 때 형통한 삶을 살 수 있다는 것이지요.

실제 성경에는 이러한 삶을 통해 성공에 이른 사람들이 등장합니다. 대표적인 인물로 다니엘이 있습니다. 다니엘은 바사 제국 총리 자리까지 올랐습니다. 당시 황제는 세습으로만 승계하는 권력이었으니 총리까지 올랐다는 것은 오를 수 있는 최고의 자리까지 올랐다는 말입니다. 그래서 다니엘을 세상에서 성공한 그리스도인의 모델로 언급하는 경우가 많습니다. 분명 다니엘은 세상에서도 성공한 신앙인입니다.

하지만 다니엘의 인생을 찬찬히 들여다보면 다니엘은 결코 세상에서 성공하기 위해 살지 않았습니다. 다니엘은 오히려 신앙과 성공의 갈림길에서 언제나 신앙을 선택했습니다. 그는 세상에서 공인한 성공 방식을 따르는 대신 하나님의 말씀을 따랐습니다. 하나님은 이런 다니엘의 인생을 형통케 하셨습니다. 하지만 오늘날 많은 사람이 세상에서의 형통한 삶을 위해 신앙을 포기합니다.

성경은 어떻게 해야 자녀를 잘 양육할 수 있는지에 대해서도 여러 본문에서 이야기합니다. 다름 아닌 주의 훈계와 교훈으로 양육하라고 하나같이 강조합니다. 하지만 많은 신앙인이 다른 영역에서는 말씀을 따라 살고자 하면서 자녀 교육에 있어서는 신앙을 쉽게 포기해 버립니다. 하나님께 예배드리는 시간보다 학원에서 공부하는 시간에 더 높은 가치를 둡니다. 자녀가 세상에서 성공하기 위해서라면 신앙은 잠시 뒷전으로 미뤄 두어도 괜찮다고 여깁니다.

이렇듯 아는 것과 믿는 것이 분리되는 이유가 무엇일까요? 아는 것이 지식으로만 그치기 때문입니다. 성경에서 '안다'는 말은 단순히 어떤 지식을 통해 정보를 갖는 정도를 의미하지 않습니다. '안다'에 해당하는 히브리어는 '야다'입니다. 이 말은 그냥 지식적으로 아는 것이 아닙니다. 직접 경험하고 체험해서 아는 것을 의미합니다. 몸소 경험하고 체험해서 알면 믿지 않을 수 없습니다.

평생 뜨거운 사막에서만 산 사람이 있다고 생각해 봅시다. 그 사람에게 하늘에서 내리는 눈을 설명하려면 어떻게 해야 할까요? 눈의 사전적 의미를 찾아 들려주면 될까요? "대기 중의 수증기가 찬 기운을 만나 얼어서 땅 위로 떨어지는 흰

색 결정체가 바로 눈입니다." 아니면 눈이 내리는 원리에 대해 과학적으로 설명해 주어야 할까요? "하늘에 떠 있는 구름이 주위 온도가 낮아지면 얼음 알갱이가 되는데, 이 얼음 알갱이가 커져 무거워지면 떨어져 눈이 됩니다." 그도 아니면 우리가 경험한 것을 들려줄 수도 있겠지요. "하늘에서 뭔가 하얀 게 내려오는데 만지면 차갑고 녹으면 물이 됩니다." 그런데 과연 이런 설명을 듣고 평생을 사막에서 산 사람이 믿을 수 있겠습니까? 이해한다는 듯 고개를 끄덕일 수야 있겠지요. 하지만 평생 뜨거운 사막에서 살았던 사람이 하늘에서 얼음같이 하얀 덩어리가 내려와 세상을 덮는다는 것을 믿기란 쉬운 일이 아닐 겁니다.

이 사람이 어떻게 하면 하늘에서 눈이 내린다는 것을 믿을 수 있을까요? 간단합니다. 겨울에 우리나라에 한번 와 보면 됩니다. 눈이 펑펑 내리는 날 하늘에서 내리는 눈을 직접 맞고 손으로 만져 보면 믿지 않을 수 없을 겁니다.

우리의 믿음도 이와 같습니다. 성경 말씀을 지식으로만 알고 삶에서 경험하지 않다 보니 믿음이 생기지 않는 겁니다. 우리 삶에서 하나님을 직접 경험하고 알아야 합니다. 그래야 하나님을 제대로 믿고 하나님 뜻대로 살 수 있습니다. 경험이 중요합니다. 그냥 머리로만 아는 것이 아니라 그 지식을 삶에서 경험해야 제대로 믿을 수 있습니다.

믿는 것과 아는 것이 하나가 되려면

그렇다면 어떻게 경험할 수 있습니까? 어떻게 하면 그냥 지식적으로 아는 것이 아니라 경험적으로 알 수 있을까요? 그에 대한 답이 에베소서 4장 12-13절에 나옵니다.

> ¹² 이는 성도를 온전하게 하여 봉사의 일을 하게 하며 그리스도의 몸을 세우려 하심이라 ¹³ 우리가 다 하나님의 아들을 믿는 것과 아는 일에 하나가 되어 온전한 사람을 이루어 그리스도의 장성한 분량이 충만한 데까지 이르리니

개역개정에서는 12절과 13절 말씀이 각각 독립된 문장으로 보입니다. 하지만 헬라어 원문에서는 12절과 13절 말씀이 접속사로 연결되어 있습니다. 다른 여러 번역 성경에서는 이런 점을 반영해 13절 앞에 "마침내", "그리하여", "그렇게 되면" 등의 접속사를 넣었습니다. 12절의 결과 13절이 된다는 말입니다. 우리가 하나님의 아들을 믿는 일과 아는 일에 하나가 되어 예수님의 장성한 분량에까지 자라도록 만드는 방

법이 12절에 나온다는 말입니다. 우리가 어떻게 믿는 것과 아는 일에 하나가 될 수 있습니까?

11절에는 하나님이 교회에 주신 여러 직분이 나옵니다. 이렇게 다양한 직분을 주신 것은 성도들을 준비시켜 교회를 섬기는 봉사의 일을 하기 위해서입니다. 이러한 봉사를 통해 그리스도의 몸인 교회를 세우게 하신 것입니다. 이렇게 성도들이 자신이 맡은 직분에 신실하고 교회를 섬기면 그 결과 마침내 믿는 일과 아는 일에 하나가 되어 그리스도의 장성한 분량이 충만한 데까지 이를 수 있습니다.

어떻게 우리가 하나님의 아들에 대한 지식을 경험하는 수준에 이를 수 있을까요? 예배 시간에 설교를 듣는 것으로, 성경 공부 시간에 성경을 배우는 것으로 그쳐서는 안 됩니다.

우리는 앞에서 건강한 교회를 세우려면 모든 성도가 자신의 역할을 잘 감당해야 한다는 점을 살펴보았습니다. 교회를 섬기는 것은 일부 교역자나 장로님, 권사님들만의 일이 아닙니다. 교회는 예수님의 몸입니다. 몸을 이루는 지체들이 다 함께 역할을 감당해야 그 교회가 건강할 수 있습니다. 교회는 목사 한 사람이 운전해 몰고 가는 버스가 아닙니다. 성도들은 좌석에 앉아 졸면서 목사가 운전하는 대로 따라가는 곳이 아닙니다.

고등학교 때 수학여행으로 경주에 간 적이 있습니다. 생각해 보면 경주로 수학여행을 가기는 갔는데 경주에서 뭘 봤는지 제대로 기억나는 것이 없습니다. 그래서 경주에 대한 좋은 기억이 별로 없었습니다. 그러다 나중에 혼자 경주로 여행을 갔습니다. 정말 좋았습니다. 외국인들도 많이 오는 게스트하우스에 머물면서 나처럼 혼자 여행 온 사람들과 같이 어울리기도 하고, 자전거를 빌려 경주 곳곳을 다니기도 했습니다. 꽤 오랜 시간이 지났지만 그 때의 여행을 떠올리면 지금도 웃음이 납니다.

둘 사이에 어떤 차이가 있었던 걸까요? 수학여행을 갔을 때는 제 의지로 한 부분이 거의 없었습니다. 사실 수학여행이라는 것이 그렇습니다. 친구들과 함께 있다 보니 밤을 새워 놉니다. 그렇게 놀다가 관광버스를 타면 계속 잡니다. 그렇게 내내 자다가 선생님이 도착했으니 내리라면 내려서 비몽사몽 구경하고 다시 버스에 올라타면 자기 바쁩니다. 낮에 버스에서 잤으니 밤이 되면 정신이 말똥말똥해집니다. 그러면 또 다시 밤새 놀다가 다음 날 낮에는 또 자겠지요. 이러니 경주 여행을 했다고는 하지만 여행으로 남는 것이 하나도 없었던 것입니다.

교회는 이런 곳이 아닙니다. 예배 시간에 가만히 앉아 있다가 예배가 끝나면 부리나케 집에 가는 것이 전부여서는 안 됩니다. 하나님이 주신 은사를 가지고 어떤 자리에서든 섬겨야 합니다. 어떤 역할이든 감당하면서 공동체를 세워야 합니다. 그렇게 섬기고 봉사해야 하나님이 어떻게 일하시는지 알 수 있습니다.

요한복음 2장에서 우리는 복음서에 기록된 예수님의 첫 번째 이적을 만날 수 있습니다. 가나의 혼인잔치에 가신 예수님이 물로 포도주를 만드신 장면이지요. 이 사건에 대한 기록을 자세히 읽다 보면 재미난 표현이 하나 눈에 들어옵니다. 예수님이 물을 포도주로 바꾸신 후에 그것을 떠서 연회장에게 갖다 주라고 하십니다. 하인들이 가져온 포도주를 연회장이 맛을 봅니다. 하지만 연회장은 이 포도주가 어디서 났는지 알지 못합니다. 연회장은 혼인잔치의 모든 대소사를 책임지는 사람입니다. 그런 연회장도 이 포도주가 어디서 났는지 알지 못합니다. 그런데 요한복음 2장 9절에 보면 이런 말씀이 있습니다.

"물 떠온 하인들은 알더라."

하인들은 예수님의 명령을 따라 돌 항아리에 물을 채웠습니다. 또 예수님의 명령에 순종하여 그 물을 떠다 연회장에게 주었습니다. 하인들은 예수님이 기적을 행하시는 현장에 함께 있으면서 그분의 말씀을 따라 일했습니다. 그러니 이 포도주가 어디서 난 줄 알았던 것이지요.

함께 섬기고 봉사하는 사람들만이 하나님의 아들 예수님이 어떤 분인지 알 수 있습니다. 함께 섬기고 봉사하는 사람들만이 섬기고 봉사한 시간만큼 예수님이 어떻게 일하시는지 곁에서 경험할 수 있습니다. 포도주를 맛보는 것만으로는 부족합니다. 함께 수고하고 땀을 흘려야 합니다.

교회 안에서 서로가 서로의 짐을 져야 합니다. 서로 종노릇해야 합니다. 함께 수고하고, 함께 봉사해야 합니다. 이런 수고의 과정을 거칠 때에야 우리의 지식은 머리에만 존재하는 죽은 지식이 아니라 생생하게 살아 있는 지식이 됩니다. 이런 지식을 가진 사람이 올바르게 믿을 수 있습니다.

교회가 이렇게 아는 일과 믿는 일에 하나가 될 때 어린 아이에서 온전한 어른으로 자라고, 그리스도의 장성한 분량이 충만한 데까지 이를 수 있습니다. 이렇게 자라야 어린 아이의 신앙을 넘어 세상의 거센 바람과 풍랑에도 흔들리지 않는 든든한 교회로 설 수 있습니다.

7. 교회, 사랑으로 연결된 공동체

사랑 안에서

제가 중고등학교 다니던 시절에 유행하던 춤이 있습니다. 브레이크 댄스입니다. 쉽게 말하면 관절꺾기 춤이지요. 손가락 끝에서부터 온 몸의 관절을 꺾듯 몸을 자유자재로 움직이면서 춤을 춥니다. 이 춤을 보고 있으면 우리 몸이 얼마나 많은 뼈들로 이루어져 있는지 새삼 느끼게 됩니다. 손 하나만 해도 그냥 통뼈가 아니라 27개나 됩니다. 그것이 29개의 관절과 123개 이상의 인대로 연결되어 있습니다.

우리는 계속해서 교회에 대해 생각해 보고 있습니다. 교회에 대한 여러 비유가 있는데, 그 중 하나가 몸이었습니다. 교회는 그리스도를 머리로 하는 한 몸 된 공동체입니다. 그리스도의 몸 된 교회는 그리스도의 장성한 분량이 충만한 데까지 자라야 합니다. 몸이 튼튼하게 성장하기 위해 필수적인 요소가 있습니다. 바로 뼈가 튼튼해야 한다는 것입니다. 뼈가 부실하면 몸이 튼튼하게 성장하기 힘듭니다. 높은 빌딩을 견고하게 세우기 위해 튼튼한 골조가 필수적인 것과 같은 원리입니다.

교회라는 몸에서 뼈와 같은 역할을 하고, 교회라는 건물에서 골조와 같은 역할을 하는 것이 바로 진리입니다. 교회 안에 있는 성도 한 사람, 한 사람이 진리 가운데 바로 서야 합니다. 뼈 하나하나가 튼실해야 하는 것처럼 성도 한 사람, 한 사람이 진리로 강건해야 합니다. 그런데 여기에 한 가지 더 필요한 것이 있습니다. 각각의 뼈가 튼튼한 것만으로는 충분하지 않습니다.

교회에서 사역하다 보면 병원 심방을 자주 가게 됩니다. 교회에 어르신들이 많이 계시다 보니 관절 때문에 수술하신 분들의 병실을 자주 찾게 됩니다. 병명이 주로 '퇴행성 관절염'입니다. 퇴행성 관절염은 관절을 오래 쓰다 보니 관절이 다 닳아 없어져 생기는 병입니다. 관절은 뼈와 뼈 사이를 잇는 부분입니다. 이곳에 연골과 인대 같은 것들이 있어 뼈와 뼈 사이를 부드럽게 연결해 줍니다. 나이가 들어 이런 관절이 닳다 보면 뼈와 뼈가 직접 맞부딪히게 됩니다. 딱딱한 뼈끼리 부딪히니 아플 수밖에 없지요. 그런 탓에 닳아 버린 관절을 제거하고 대신 그 자리를 인공관절로 대체하는 수술을 하게 됩니다.

교회도 마찬가지입니다. 교회가 견고하고 건강하게 성장하려면 뼈가 튼튼해야 합니다. 교회를 이루는 뼈는 하나로 된 통뼈가 아닙니다. 수많은 작은 뼈가 서로서로 연결되어 있습니다. 작은 뼈 하나하나가 튼튼해야 합니다. 진리로 단단해져야 합니다.

그런데 여기에 한 가지 요소가 더 있어야 합니다. 뼈와 뼈가 잘 연결되어야 합니다. 어린 아이들 팔을 잘못 잡아당기면 팔이 빠지는 경우가 있습니다. 이렇게 빠져 버리면 팔이 제 기능을 할 수 없습니다. 뼈들이 서로 끊어진 부분 없이 잘 연결되어야 합니다. 하나로 잘 붙어 있어야 합니다.

붙어 있다고 해서 말 그대로 뼈와 뼈가 붙는 방식으로 연결되었다는 뜻이 아닙니다. 많은 뼈들이 마치 하나가 된 것처럼 움직일 수 있게 연결해 주는 관절이 있어야 한다는 말입니다. 그래야 서로에게 고통을 주거나 서로와 끊어지는 일 없이 잘 연결될 수 있습니다. 그렇다면 교회에서 이 관절과 같은 역할을 하는 것이 무엇일까요? 에베소서 4장 15절을 읽어 보겠습니다.

> 오직 사랑 안에서 참된 것을 하여 범사에 그에게까지 자랄지라 그는 머리니 곧 그리스도라

우리는 참된 것을 해야 합니다. 진리를 행해야 합니다. 그런데 그 앞에 단서가 붙어 있습니다. "사랑 안에서"입니다. 우리는 진리의 말씀을 굳게 붙들고 참된 것을 하되 사랑 안에서 해야 합니다. 사랑 없는 진리는 거칠고 메마릅니다. 사랑 없는 진리는 다른 사람에게 상처를 입히기가 쉽습니다. 아니 더 강하게 말하면, 성경이 가르치는 진리라고 하면서 이것저것을 행하고 크게 외치지만 정작 그 안에 사랑이 없다면 그것은 참 진리가 아닙니다.

교회는 진리로 골조를 튼튼하게 세우고 사랑으로 잘 결합되어야 합니다. 아무리 각 사람의 신앙이 좋다고 하더라도 사랑으로 하나 되지 못하면 그 교회는 결코 건강한 교회가 될 수 없습니다.

하나 된 공동체

에베소서 4장 3절을 보겠습니다.

> 평안의 매는 줄로 성령이 하나 되게 하신 것을 힘써 지키라

이 구절에서는 하나 되게 하신 것을 힘써 지키라고 말합니다. 이 말씀을 곱씹어 볼 필요가 있습니다. 공동체의 하나 됨에 대해 말할 때 우리가 보통 하는 말과는 다르기 때문입니다. 교회의 하나 됨에 이야기할 때 우리는 보통 이렇게 이야기합니다.

"우리 모두 하나가 되어야 합니다."

"모든 성도가 하나 되기 위해 노력해야 합니다."

그런데 에베소서 4장 3절은 좀 다릅니다. 우리더러 하나가 되라는 것이 아닙니다. 하나 되게 하신 것을 힘써 지키라고 이야기하고 있습니다. 무슨 말입니까? 우리가 이미 하나라는 말입니다. 에베소서 2장에 보면 바울은 이미 교회가 하나 되었다는 사실을 반복해 말하고 있습니다. 우리의 화평이신 예수님을 통하여 중간에 막힌 담이 무너졌습니다. 2장 15절에서는 이렇게 말합니다.

이 둘로 자기 안에서 한 새 사람을 지어

우리는 이미 "한 새 사람"이 되었습니다.

2장 19절에서는 우리가 "하나님의 권속", 즉 하나님의 가족이 되었다고 선포합니다. 우리는 이미 하나입니다. 예수 그리스도 안에서 이미 하나가 되었습니다. 우리가 이처럼 하나 되게 하기 위해 예수님이 십자가에서 죽으셨습니다. 이제 우리가 할 일은 이 하나 된 것을 지키는 일입니다.

이렇게 생각하면 어떨까요? 요즈음 재혼하는 가정들이 많습니다. 재혼을 하면서 남남이었던 두 사람이 한 가정을 이룹니다. 혼인신고를 통해 법적으로 한 가족이 되는 겁니다. 하지만 법적으로 한 가족이 되었다고 해서 심정적으로도 한 가족이 되는 것은 아닙니다. 자녀들이 있는 경우라면 문제는 더 복잡합니다. 새 엄마, 또는 새 아빠를 가족으로 받아들이기까지 여러 갈등을 겪어야 할지 모릅니다. 법적으로는 한 가족이 되었더라도 심적으로도 한 가족이 되려면 모두가 함께 노력해야 합니다.

에베소서 말씀도 이와 같은 맥락입니다. 교회는 그리스도 예수 안에서 하나가 되었습니다. 예수님의 십자가는 하나님과의 깨어진 관계를 화목하게 할 뿐만 아니라 사람들과의 관계 역시 새롭게 하십니다. 교회는 한 몸이자 한 가족이 되었습니다.

바울은 이렇게 하나 되게 하신 것을 지키라고 권면합니다. 그것도 힘써 지키라고 말합니다. 여기서 "힘써 지키라"는 말을 NIV 영어성경에서는 하나 되게 하신 것을 지키기 위해 "모든 노력을 다하라"고 번역합니다. 우리는 하나 된 것을 지켜야 합니다. 그냥 구호 외치듯 해서 되는 일이 아닙니다. 설렁설렁 해서 되는 일도 아닙니다. 다 함께 힘써 지켜야 합니다. 모든 노력을 다해 지켜야 합니다.

왜 그렇습니까? 하나 된 것을 지키기가 쉽지 않기 때문입니다. 바울이 쓴 여러 서신서를 읽어 보면 하나 됨을 강조하는 구절을 심심찮게 찾을 수 있습니다. 이는 당시 교회들이 이 문제로 꽤나 어려움을 겪고 있었다는 방증이기도 합니다.

당시 어떤 사람들이 교회를 이루고 있었는지 생각해 볼까요? 이 서신서의 대상이었던 에베소 교회를 생각해 보겠습니다. 에베소 교회는 당연히 에베소에 세워진 교회입니다. 그렇다면 이 에베소 교회 구성원들은 어떤 사람들이었습니까?

사도행전에서 우리는 바울의 전도여행에 대한 기록을 찾을 수 있습니다. 바울은 소아시아와 유럽을 다니면서 복음을 전했습니다. 바울이 들어가 복음을 전한 도시들은 죄다 처음가 보는 낯선 곳이었습니다. 하지만 어디서 누구에게 복음을 전해야 할지 크게 걱정할 필요가 없었습니다. 어디를 가나 유대인의 회당이 있었기 때문입니다. 나라가 멸망한 뒤 유대인들은 세계 각국으로 흩어졌습니다. 이 흩어진 유대인들을 가리켜 '디아스포라'라고 부릅니다. 유대인들은 어느 곳에서든 성인 남자 10명만 모이면 회당을 만들어 그곳에서 율법을 낭독하고 들었습니다. 그러기에 바울은 어느 도시에 가든 회당만 찾으면 그곳에서 구약의 율법에 익숙한 사람들을 대상으로 복음을 전할 수 있었습니다.

이 회당의 구성원들은 크게 둘로 나눌 수 있습니다. 우선 유대인들입니다. 유대인의 회당에 유대인이 있는 것은 당연한 이야기겠지요. 하지만 회당에는 유대인 말고도 유대교에 관심을 가진 경건한 이방인들이 있었습니다. 바울은 바로 이들을 향해 복음을 전했고 이들 중 복음을 받아들인 사람들이 모여 각 도시의 교회를 형성했습니다. 그러니 각 교회에는 유대인과 이방인이 함께 모일 수밖에 없었고, 여기서 문제가 발생했습니다.

유대인에게 이방인은 하나님의 은혜와 전혀 상관없는 자들이었습니다. 선민의식을 가졌던 유대인들은 이방인을 동등한 사람으로 여기지 않았습니다. 유대인들의 지혜서인 탈무드에는 하나님이 쓸모도 없는 이방인을 창조하신 것은 나중에 지옥 불에 쓸 땔감용이라는 말이 있을 정도입니다.

그런데 그런 이방인과 유대인이 한 공동체가 되었습니다. 물리적으로야 한 교회, 한 몸이 되었다고는 하지만 심정적으로 하나가 되는 것은 결코 쉽지 않았습니다. 그래서 에베소서 2장에서 바울은 반복해 유대인과 이방인이 이미 그리스도 안에서 하나가 되었다는 것을 강조합니다.

우리가 흔히 현대 교회가 본받아야 할 모범으로 이야기하는 초대 예루살렘 교회에도 이러한 갈등이 있었습니다. 사도행전 6장에는 일곱 집사를 세우는 이야기가 등장합니다. 열두 사도 외에는 별다른 직분이 없었던 초대 교회에서 일곱 집사를 세우게 된 이유가 무엇일까요? 여기에는 직접적인 계기가 된 사건이 있었습니다. 헬라파 유대인들이 자기네 과부들이 구제에서 빠진다고 히브리파 유대인들을 원망했던 것입니다.

헬라파 유대인은 디아스포라 유대인이었다가 예루살렘으로 돌아온 사람들을 말하고, 히브리파 유대인은 유대 땅에서 태어나고 자란 사람들을 말합니다. 둘 다 같은 유대인이지만 배경과 처지가 달랐기에 이들 사이에 갈등이 있었던 것입니다.

교회 안에 갈등이 있는 것 자체가 이상한 일은 아닙니다. 전혀 다른 구성원들이 모여 있는데 갈등이 생기는 것은 어찌 보면 당연합니다. 하지만 이럴 때 어떻게 해야 합니까? 하나 되게 하신 것을 지켜야 합니다. 정말 온 힘을 다해 힘써 지켜야 합니다. 하나 된 것을 지키기란 저절로 되지 않고 온갖 노력이 필요한 일이기 때문입니다.

하나 된 것을 지키기 위해

그렇다면 하나 된 것을 지키기 위해 우리가 어떤 노력을 기울여야 할까요? 공동체 훈련이나 단합대회를 자주 가져야 할까요? 사실 그런 프로그램을 자주 한다고 해서 교회가 하나 되는 것은 아닙니다.

캠퍼스에서 기독교 동아리를 섬길 때 아프리카에 있는 부룬디라는 나라로 단기선교를 간 적이 있습니다. 꽤 오래 전이라 교통 편이 열악했습니다. 일단 비행기를 타고 케냐까지 들어가는 것부터 해야 했습니다. 케냐에 가는 데만 해도 두 차례 경유하느라 서른 시간 이상 걸렸지요.

케냐에서도 바로 들어가지 못하고 이틀 정도 머물러야 했습니다. 케냐에 잠시 머무는 이틀 동안 아프리카 선교회 본

부에서 지냈습니다. 그때 거기 계신 선교사님께서 우리 팀을 대상으로 팀 빌딩 훈련을 시키셨습니다. 말 그대로 여러 가지 프로그램을 통해 팀을 정비하고 세우는 훈련이었습니다.

팀 빌딩 훈련에서는 무엇보다 서로를 이해하기 위해 각자가 어떤 사람인지 잘 알아가는 것을 기본으로 여깁니다. 각자의 기질과 성향을 분석하는 검사를 통해 서로의 성격을 이해하고 각자 살아온 삶을 솔직하게 나누는 시간을 갖기도 했습니다.

서로의 삶을 나누는 시간은 정말 귀한 경험이었습니다. 여러 가지 훈련을 통해 분위기가 무르익자 모두들 자신의 모습을 있는 그대로 드러내기 시작했습니다. 다른 사람에게는 말하지 못했던 자신의 아픔을 솔직하게 나누면서 같이 울고 서로를 위해 기도하기도 했습니다. 이런 시간을 통해 서로를 이해하게 되었고 팀워크도 자연스레 단단해졌습니다.

그렇게 케냐에서 이틀을 보낸 후 부룬디로 들어가 본격적인 사역을 시작했습니다. 그때 단기선교 팀의 예정된 사역 기간이 거의 3주 정도로 꽤 길었습니다. 사역도 쉽지 않았습니다. 한 곳에 오래 머무는 것이 아니라 오전과 오후로 나누어 하루에 두 교회씩 옮겨 다니며 사역했습니다.

아침 여섯 시에 기상해 말씀을 나누고 아침 식사를 준비해 먹고 사역을 나가면 다섯 시나 여섯 시가 되어 숙소로 돌아왔습니다. 정리하고 저녁을 준비해 먹고 나면 여덟 시가 훌쩍 지나곤 했습니다. 그때 저희를 담당하신 선교사님이 열정적인 분인지라 저녁 시간도 허투루 보내지 않았습니다. 그 지역에 있는 다른 선교사님들을 초청해 매일같이 말씀 듣는 시간을 가졌습니다. 말씀을 듣고 나서 다음날 사역에 대해 나누는 일까지 마치면 열두 시가 넘기 일쑤였지요.

이런 일상이 계속되니 팀원들이 지쳐 갔습니다. 그러다 우리가 사역하던 수도 부줌부라에서 차를 타고 네 시간 정도 떨어진 응고지라는 곳으로 가 며칠간 사역해야 했습니다. 안타깝게도 응고지로 가는 도로가 썩 좋지 않았습니다. 포장 안 된 흙길을 가야 했지요. 응고지에 도착해 차에서 내리는데 얼굴과 몸이 먼지로 엉망인 상태였습니다. 하지만 제대로 씻지도 못한 채 지역을 섬기다가 숙소로 돌아와야 했습니다.

모두가 지칠 대로 지쳤습니다. 몸이 힘드니 신경이 예민해져서 사소한 일에도 짜증이 올라왔습니다. 그야말로 팀 분위기가 바닥을 쳤습니다.

우리 팀이 이 단기선교를 위해 얼마나 많이 준비했는지 모릅니다. 거의 5개월 정도 매주 토요일마다 만나 몇 시간씩 모임을 가졌습니다. 사역을 앞두고는 2주 정도 매일 아침마다 모여 오후 늦게까지 함께 했습니다. 케냐에서는 새로운 차원의 친밀함을 경험하며 정말 끈끈해졌다는 확신이 들었습니다. 이 정도면 정말 하나라고 느낄 만하지 않습니까? 어떤 어려움과 시련이 와도 똘똘 뭉쳐 이겨낼 만하지 않습니까?

하지만 팀이 하나로 지내는 것은 쉬운 일이 아니었습니다. 오래 자주 모이고 좋은 프로그램으로 훈련을 받는다고 해서 쉽게 하나 됨이 지켜지는 것이 아니었습니다. 다행히 한 선배가 저녁 모임 시간에 말씀으로 도전해 주신 덕에 우리 모두 자신을 돌아보고 팀을 추스를 수 있었습니다.

하나 된 것을 지키기란 결코 쉬운 일이 아닙니다. 단순히 시간이나 프로그램으로 해결되는 문제가 아닙니다. 힘써야 합니다. 최선을 다해 노력해야 합니다. 무엇을 어떻게 노력해야 하느냐? 이 질문에서 우리는 다시 처음으로 돌아가야 합니다. 이 지점에서 필요한 것이 바로 사랑입니다. 바로 우리의 성품을 바꾸기 위해 노력해야 합니다. 그냥 말로만 하나가 되자고 하는 것이 아니라 정말로 공동체를 사랑하고, 공동체를 이룬 사람들을 사랑할 수 있어야 합니다.

사랑하라고 해서 단순히 따뜻한 감정을 품으라는 말이 아닙니다. 하나님이 우리를 사랑하셨습니다. 예수님이 교회를 사랑하셨습니다. 그래서 어떻게 하셨습니까? 에베소서 5장

25절 하반절은 이렇게 말합니다.

> 그리스도께서 교회를 사랑하시고 그 교회를 위하여 자신을 주심같이 하라

교회를 사랑하신 예수님은 그 교회를 위하여 자신을 주셨습니다. 자신을 주셨다는 것이 무엇을 의미합니까? 그냥 따뜻하게 대해 주셨다거나 예뻐해 주셨다는 의미가 아니지요. 십자가에서 죽으셨다는 의미입니다. 우리를 사랑하시는 하나님은 우리를 위하여 자신의 아들을 십자가에서 못박혀 죽게 하셨습니다.

사랑은 단순히 감정의 문제가 아닙니다. 사랑은 행동입니다. 삶으로 나타나는 성품입니다. 에베소서 4장 2절에는 하나 됨을 지키기 위해 필요한 여러 덕목이 나와 있습니다.

> 모든 겸손과 온유로 하고 오래 참음으로 사랑 가운데서 서로 용납하고

하나 됨을 지키기 위해 필요한 덕목에 무엇이 있나요? 겸손, 온유, 오래 참음, 사랑, 용납입니다. 각각의 성품이 무엇을

의미하는지는 교회에서 많이 들었을 테니 따로 길게 이야기 하지 않겠습니다.

하나가 되기 위해서는 겸손해야 합니다. 나는 낮추고 남을 높여야 합니다. 온유해야 합니다. 하나님이 주변 모든 관계를 주셨음을 인정하기에 나와 다른 사람이라도 인정하며 부드럽게 대해야 합니다. 인내해야 합니다. 다른 사람의 모습을 참아 주어야 합니다. 용납해야 합니다. 예수님이 우리를 용서하셨듯이 서로의 잘못을 용서할 수 있어야 합니다.

그런데 이 모든 것을 가능하게 하는 힘이 있습니다. 바로 사랑입니다. 사랑은 겸손, 온유, 인내, 용서를 다 포괄합니다. 우리가 자신을 낮추고 온유하게 대하며 나와 다른 사람을 참고 용서해야 하는 것은 바로 상대방을 사랑하기 때문입니다.

이제 골로새서 3장 12-14절을 살펴보겠습니다.

12 그러므로 너희는 하나님이 택하사 거룩하고 사랑 받는 자처럼 긍휼과 자비와 겸손과 온유와 오래 참음을 옷 입고 13 누가 누구에게 불만이 있거든 서로 용납하여 피차 용서하되 주께서 너희를 용서하신 것 같이 너희도 그리하고 14 이 모든 것 위에 사랑을 더하라 이는 온전하게 매는 띠니라

우리는 하나님의 택하심을 받아 거룩하고 사랑받는 자가 되었습니다. 이제 우리는 긍휼과 자비와 겸손과 온유와 인내로 옷 입어야 합니다. 서로가 서로를 용서해야 합니다. 그리고 이 모든 것을 하나로 묶는 끈이 있습니다. 바로 사랑입니다. 사랑이 이 모든 행동의 동기가 되어야 합니다. 사랑이 이 모든 행동의 원천이 되어야 합니다.

교회 안에 있는 사람들이 서로 다르다고 해서 이상한 일이 아닙니다. 예수님의 열두 제자 공동체도 서로 달랐습니다. 출신 지역이 달랐습니다. 사회적 계층도 달랐습니다. 정치적인 입장도 완전히 달랐습니다.

예수님의 제자 중 하나였던 마태는 세리였습니다. 당시 이스라엘은 로마의 식민지였습니다. 식민 지배 시절에 로마에 붙어서 큰 이익을 보고 살던 사람이 마태였습니다. 우리 식으로 표현하면 친일파 같은 사람이었지요. 예수님의 제자 중에는 열심당원 시몬도 있었습니다. 이 시몬은 우리가 아는 시몬 베드로와는 다른 사람입니다. 당시 열심당원은 폭력 혁명을 꿈꾸는 사람들이었습니다. 이들은 로마의 식민 지배를 테러와 암살 같은 극단적 행위를 통해 끝장내려 했습니다. 극단적인 친로마파였던 마태와 마찬가지로 극단적인 반로마파였던 시몬이 같은 공동체 안에 있었던 것입니다. 자신의 이익을 위해 동포들을 괴롭혔던 친일파와 안중근 의사가 한 스승의 제자가 되었다고 생각해 보십시오.

이렇게 서로 다른 입장을 가진 사람들이 결국 예수님 안에서 한 공동체를 이루었습니다. 복음 안에서 하나가 되었습니다. 이들 모두 복음을 위해 같은 길을 걸었습니다. 전해진 바에 따르면 마태는 에디오피아에 가서 복음을 전하다 칼에 베어 순교를 당했다고 합니다. 시몬은 전도를 하다가 군인들이 쏜 화살에 맞아 순교를 당했다고 합니다.

어느 지역 출신이든, 어떤 계층에 속해 있든, 정치적 입장이 어떻든 그것이 중요한 게 아닙니다. 이렇듯 다른 사람들이 하나가 되어 예수 그리스도의 복음을 위해 일하는 것이 중요합니다. 서로 다른 사람들이 오직 사랑으로 하나 된 것을 힘써 지킬 때 교회는 건강하게 자라고 하나님이 주신 사명을 온전히 감당할 수 있습니다.

8. 교회, 하나님의 꿈

예전 노래 중에 '풍선'이라는 노래가 있습니다. 다섯 손가락 이라는 그룹이 불렀는데 동방신기라는 그룹이 다시 불러 큰 인기를 끌었지요.

> 지나가 버린 어린 시절엔
> 풍선을 타고 날아가는 예쁜 꿈도 꾸었지
> 노란 풍선이 하늘을 날면
> 내 마음에도 아름다운 기억들이 생각나
> 내 어릴 적 꿈은 노란 풍선을 타고
> 하늘 높이 날으는 사람

그 조그만 꿈을 잊어버리고 산 건

내가 너무 커 버렸을 때

하지만 괴로울 땐 아이처럼 뛰어놀고 싶어

조그만 나의 꿈들을 풍선에 가득 싣고

요즈음 어떤 꿈을 꾸고 계신가요? 많은 사람이 어린 시절 가졌던 꿈을 잊고 삽니다. 그냥저냥 하루하루 살기 바쁜 것이 현실입니다. 혹시 현실에 쫓겨 꿈을 잊고 있지는 않나요? 그렇다면 교회는 어떠합니까? 지금까지 살펴본 것처럼 하나님을 믿는 성도가 바로 교회입니다. 교회인 우리는 어떤 꿈을 꾸고 좇아가야 할까요?

하나님의 꿈

성경에서 꿈 하면 가장 먼저 떠오르는 사람이 있습니다. 바로 요셉입니다. 창세기 37장 19절에 보면 형들이 요셉을 부르는 별명이 있었습니다. "Dreamer", 즉 "꿈꾸는 자"였지요.

꿈이라는 단어는 흔히 두 가지 의미를 가집니다. 먼저 우리가 자면서 꾸는 꿈을 가리킵니다. 일일이 기억하지 못하더라도 사람들은 누구나 자는 동안 여러 번의 꿈을 꿉니다. 꿈의 또 다른 의미는 장래에 대한 희망입니다. 미래에 일어났으면 하고 바라는 것을 상상하고 기대하는 것 또한 꿈이라고 말합니다.

형들이 요셉을 '꿈꾸는 자'라고 부른 것은 그가 자면서 꾼 꿈 때문이었습니다. 흥미롭게도 그것은 요셉의 미래를 보여 주는 꿈이기도 했습니다. 요셉이 어떤 꿈을 꾸었습니까? 형들이 묶은 곡식 단이 요셉의 곡식 단을 향해 절하고, 해와 달과 열한 개의 별이 요셉에게 절하는 꿈을 꾸었지요. 이 꿈은 결국 실제로 이루어집니다. 하나님이 꿈을 통하여 요셉에게 그의 미래를 보여 주신 것입니다.

여기서 우리는 소위 비전이라는 것의 성격을 알 수 있습니다. 비전이라고 할 때 우리는 흔히 자신이 갖고 있는 장래 희망이나 직업과 연결짓습니다. 성경은 그렇게 말하지 않습니다. 비전은 내가 꾸는 꿈이 아닙니다. 하나님이 나를 향해 꾸시는 꿈입니다. 하나님이 나를 향해 가지고 계신 계획이 바로 나의 비전입니다. 하나님은 우리 개개인을 향해 꿈을 가지고 계십니다. 그 꿈이 무엇인지 깨닫고 그 꿈을 이루어 가겠다고 다짐하는 것이 바로 우리의 비전입니다.

교회도 마찬가지입니다. 교회도 꿈을 가져야 하고 비전을 품어야 합니다. 이때 교회가 가지는 꿈 역시 그저 우리가 바라는 교회를 상상하고 기대하는 수준에 머물러선 안 됩니다. 우리 교회가 이런저런 교회가 되면 좋겠다는 소망을 넘어서야 합니다. 하나님은 교회를 향한 확실한 꿈과 비전을 가지고 계십니다. 우리도 이 꿈을 함께 꾸어야 합니다. 교회를 향한 하나님의 꿈은 무엇일까요? 요한계시록 7장 9-12절에서 그 답을 찾을 수 있습니다.

9 이 일 후에 내가 보니 각 나라와 족속과 백성과 방언에서 아무도 능히 셀 수 없는 큰 무리가 나와 흰 옷을 입고 손에 종려 가지를 들고 보좌 앞과 어린 양 앞에 서서 10 큰 소리로 외쳐 이르되 구원하심이 보좌에 앉으신 우리 하나님과 어린 양에게 있도다 하니 11 모든 천사가 보좌와 장로들과 네 생물의 주위에 서 있다가 보좌 앞에 엎드려 얼굴을 대고 하나님께 경배하여 12 이르되 아멘 찬송과 영광과 지혜와 감사와 존귀와 권능과 힘이 우리 하나님께 세세토록 있을지어다 아멘 하더라

요한계시록은 세상의 마지막을 보여 주는 책입니다. 요한계시록에서도 이 본문은 그 마지막 날 교회가 어떤 모습일지를 잘 보여 줍니다. 이 마지막 모습이 교회를 향한 하나님의 꿈이고 비전입니다. 사실 이 본문은 우리에게 낯설지 않습니

다. 교회에서 자주 부르는 '비전'이라는 찬양에 이 내용이 담겨 있기 때문이지요.

> 우리 보좌 앞에 모였네 함께 주를 찬양하며
> 하나님의 사랑 그 아들 주셨네 그의 피로 우린 구원받았네
> 십자가에서 쏟으신 그 사랑 강같이 온 땅에 흘러
> 각 나라와 족속 백성 방언에서 구원받고 주 경배드리네
> 구원하심이 보좌에 앉으신 우리 하나님과 어린 양께 있도다
> 구원하심이 보좌에 앉으신 우리 하나님과 어린 양께 있도다

이 찬양을 부르면서 이런 의문을 가진 적 없으신가요? '왜 제목이 비전이지? 찬양 제목이 비전이라면, 내가 앞으로 해야 할 일에 대해 노래해야 하는 거 아닐까?' 이 찬양은 전혀 다른 이야기를 하고 있습니다.

왜 그렇습니까? 이 곡에서 노래하는 비전은 바로 하나님의 비전이기 때문입니다. 하나님이 인간을 향해 품고 계신 꿈을 노래하고 있기 때문입니다. 그렇다면 교회도 이 하나님의 꿈을 함께 꾸어야 합니다. 하나님이 교회에게 주신 꿈은 무엇입니까? 우리가 함께 꾸어야 할 하나님의 꿈은 무엇입니까?

9절에 보면 "각 나라와 족속과 백성과 방언"이라는 표현이

나옵니다. 가장 먼저 언급되는 단어는 "각 나라"입니다. 현재 전 세계에 얼마나 많은 국가가 있는 줄 아시나요? 국가를 인정하는 데 여러 기준이 있습니다만, 그 중에서 UN에 가입한 국가 수를 보는 방법이 있습니다. 2024년 현재 UN 가입 국가는 193개 국입니다. 세계 지도 정보에 따르면 237개 국이 있습니다. 우리에게 익숙한 국가들도 있지만 아프리카의 차드 공화국, 남아메리카의 가이아나, 유럽의 리히텐슈타인 등 낯선 국가들도 많습니다.

다음으로 언급되는 단어는 "족속"입니다. 현재 이 땅에 얼마나 많은 민족, 즉 종족이 있는지 아십니까? 이 분야의 전문가로 랄프 윈터라는 유명한 선교학자가 있습니다. 랄프 윈터의 연구에 따르면 지구상에는 약 24,000개의 종족이 있다고 합니다. 그 중에 아직도 복음을 들어 보지 못한 미전도 종족이 약 12,000개입니다.

다음 단어는 "방언"입니다. 'language' 즉 '언어'를 말합니다. 지구상에는 많은 언어가 있습니다. 학자들은 약 6,900개의 언어가 있다고 합니다. 이 가운데 사용 인구가 채 천 명도 안 되는 언어가 2,500개 가량 있으며, 그 중 553개 언어는 사용 인구가 60명 미만으로 사라질 위기에 처해 있다고 합니다. 지구상에는 참으로 많은 나라, 많은 민족, 많은 언어가 있습니다.

이보다 엄청난 단어가 남아 있습니다. 바로 "백성"입니다. 아담 이후 지금까지 구원받은 사람들의 수는 얼마나 될까요? 1억? 5억? 10억? ….

이제 머릿속으로 그림을 그려 볼까요? 하늘에 보좌가 있습니다. 그곳에는 하나님이 계시고 그 옆에 어린 양, 예수님이 계십니다. 그 거룩한 보좌 주변에 사람들이 모여 있습니다. 얼마나 많은 사람이 있는지 셀 수조차 없습니다. 수억이 넘는 사람들입니다.

이렇게 모인 사람들의 출신 국가가 각양각색입니다. 한국 사람, 스페인 사람, 이라크 사람, 아프가니스탄 사람, 케냐 사람, 뉴질랜드 사람, 브라질 사람. 캐나다 사람….

종족도 다릅니다. 한민족, 한족, 몽골족, 게르만족, 슬라브족, 아리안족, 타망족, 앵글로색슨족….

피부색도 서로 다릅니다. 아주 하얀 사람, 아주 시커먼 사람, 적당히 그을린 사람, 약간 꺼무잡잡한 사람….

능히 셀 수 없이 많은 사람 손에 종려나무 가지가 들려 있습니다. 그들이 저마다 다른 목소리로 외칩니다. 수억 명의 사람들이 외치는 찬양 소리를 상상해 보셨습니까? 월드컵 때 광화문과 시청 앞에 모여 외치는 응원 소리도, 콘서트장에서 가수가 등장할 때 지르는 환호 소리와도 비교할 수 없을 것입니다.

게다가 그 언어도 다양합니다. 한국어, 일본어, 만다린어, 힌디어, 스와힐리어, 아랍어, 불어, 영어, 키룬디어…. 셀 수 없이 많은 나라와 족속의 수많은 사람이 각자 자신들의 언어로 소리칩니다. 하지만 그들이 찬양하며 외치는 내용은 동일합니다.

"구원하심이 보좌에 앉으신 우리 하나님과 어린양께 있도다."

사람들이 이렇게 외치자 이제 천사들이 화답합니다. 천사들이 보좌 앞에 엎드려 얼굴을 대고 하나님께 경배하며 찬양합니다.

"아멘! 찬송과 영광과 지혜와 감사와 존귀와 능력과 힘이 우리 하나님께 세세토록 있을지어다, 아멘!"

이 엄청난 장면이 머릿속에 그려지나요? 이것이 하나님이 요한에게 보여 주신 비전입니다. 이것이 하나님이 교회를 향해 품으신 꿈입니다. 바로 우리가 함께 품어야 할 꿈입니다. 세계 모든 나라와 족속과 백성과 방언이 다 함께 모여 하나님을 찬양하는 꿈입니다.

세계 선교

우리는 어떻게 해야 할까요? 하나님이 보여 주시는 교회의 마지막 모습을 실현하기 위해, 이 꿈을 이루기 위해 우리가 무엇을 해야 할까요? 바로 세계 선교에 힘써야 합니다. 모든 나라와 족속과 백성과 방언이 복음을 듣고 하나님을 찬양하도록 땅끝까지 복음을 전해야 합니다.

선교라는 단어를 들으면 어떤 마음이 드나요? 그동안 선교한국을 비롯해 다양한 훈련과 교육을 통해 선교에 대한 인식이 바뀌어 온 건 사실이지만 여전히 선교에 대하여 부정적으로 생각하시는 분들이 계십니다. 그런 분들이 흔히 하시는 말씀이 있습니다. 아직 국내에도 복음 전할 곳이 많은데 굳이 해외로 나가야 하느냐는 것입니다. 이에 대해 성경은 어떻게 말하고 있을까요? 우리가 너무나 잘 아는 말씀인 사도행전 1장 8절을 함께 보겠습니다.

> 오직 성령이 너희에게 임하시면 너희가 권능을 받고 예루살렘과 온 유대와 사마리아와 땅 끝까지 이르러 내 증인이 되리라 하시니라

이 말씀을 보면 복음이 지역을 따라 순차적으로 확장된다는 점을 알 수 있습니다. 처음 예루살렘에서 시작해 온 유대와 사마리아를 거쳐 마지막으로 땅끝까지 복음이 순차적으로 확장됩니다. 순차적으로 확장된다고 해서, 한 지역에 복음이 완전히 전파된 후에야 다음 지역으로 복음이 확장된다는 의미가 아닙니다.

복음은 순차적으로 전파될 뿐 아니라 동시적으로 전파됩니다. 처음에 예루살렘에 전파되던 복음이 유대로 넘어갑니다. 복음이 유대에 넘어갔다고 해서 예루살렘에선 이제 복음 전파가 멈춘 것이 아닙니다. 예루살렘에도 복음이 전파되고, 동시에 유대에도 복음이 전파된 것입니다. 이제 복음이 유대에서 사마리아로 넘어갑니다. 이때도 예루살렘과 유대, 사마리아 모두에서 복음 전파가 이루어집니다. 사마리아에서 땅끝까지 전파될 때도 마찬가지입니다. 여전히 복음은 예루살렘과 유대와 사마리아와 땅끝 모두에서 계속 전파됩니다. 복음이 이런 식으로 전파되지 않았다면, 우리는 아직 복음을 전해 듣지 못했을 것입니다. 아직도 예루살렘과 유대와 사마리아에는 복음을 받아들이지 않고 예수님을 영접하지 않은 사람들이 많기 때문입니다.

교회는 당연히 민족 복음화를 위해 힘써야 합니다. 교회

주변에 있는 믿지 않는 사람들에게 복음을 전하기 위해 열심을 내야 합니다. 하지만 거기서 멈춰선 안 됩니다. 주변 이웃에게 복음을 전하는 것과 동시에 선교에도 힘써야 합니다. 아직 복음을 들어본 적 없는 사람들, 예수님이 누구인지 알지 못하는 사람들에게 복음을 들고 찾아가야 합니다. 이것이야말로 교회를 향한 하나님의 꿈이기 때문입니다.

제가 좀 길게 배낭여행을 한 적이 있습니다. 2001년 4월부터 11월까지 총 7개월 동안 영국 런던에서 시작해 중국까지 육로로 대륙 횡단을 했습니다. 세어 보니 약 25개국을 돌아다녔습니다.

여행을 다녀온 후 만나는 사람들이 공통적으로 던진 질문이 있었습니다. 여행하는 동안 가장 크게 배운 점이 무엇인지 궁금해 하더군요. 처음에는 대답하기 어려웠습니다. 집 나가면 고생이라고 정말 많은 고생을 했거든요. 하루에 5달러로 먹고 자고 생활한 적도 많았습니다. 이런 고생 속에서도 값지고 알찬 시간을 보낸 게 분명한데 내가 무엇을 배웠다고 말하기는 어렵더군요.

그러다 여행을 돌아보고 기억을 정리하면서 제가 무엇을 배웠는지 깨달았습니다. 저는 무엇보다 세상에 정말 많은 사람이 살고 있다는 점을 배웠습니다. 또한 세상에는 참으로 다양한 사람이 살고 있었습니다. 여러 면에서 나와 다른 사람들이 헤아릴 수 없이 다양한 방식으로 살고 있었습니다.

그 중에서도 선량한 사람들을 많이 만났습니다. '착한 죄인'이라 할 수 있는 사람들이지요. '착한 죄인'이라는 말은 저와 친한 선배가 만든 말입니다. 예수님을 믿지 않으니 죄인이지만, 정말 착하고 선량한 사람들을 가리키는 말입니다. 비록 신앙은 없지만 남들에게 베풀며 사는 좋은 사람들 말입니다.

터키의 안티오크에서 난민촌 사람들을 만난 적이 있습니다. 이들은 수해 때문에 집이 다 쓸려가 정부에서 제공하는 텐트에서 어렵게 살고 있었습니다. 이 난민촌 옆을 지나는데 누군가 저를 향해 오라고 손짓하더니 애플티를 대접해 주었습니다. 게다가 헤어질 때는 차에서 먹으라고 빵까지 싸 주었습니다. 이들은 어려운 처지에 있으면서도 낯선 이방인에게 진심 어린 미소로 대접해 주었습니다.

이런 착한 죄인들은 이란의 테헤란에서도 만났습니다. 여행하면서 짐이 많아져 그동안 찍은 필름이며 선물이며 이것저것 한국으로 부치려고 우체국을 찾았습니다. 거리에서 지나가는 사람을 붙잡고 우체국이 어디 있는지 물어보는데 설명만 듣고는 찾기가 쉽지 않았습니다. 지금이야 스마트폰이 있어 지도 어플을 켜서 찾겠지만, 당시만 해도 설명만 듣고 찾아야 했던 터라 감이 오지 않더군요. 제가 헤매고 있는 게 딱해 보였는지 어떤 분이 자신을 따라오라고 하더니 가던 길을 돌이켜 꽤 먼 거리에 있는 우체국까지 데려다 주셨습니다. 뿐만 아니라 우체국까지 따라 들어와 소포 붙이는 일을 도맡아 도와주셨습니다. 말도 잘 통하지 않는 낯선 나라에서 소포 부치는 일이 결코 쉽지 않았는데, 그분 덕분에 쉽게 해결할 수 있었습니다.

베트남에서 중국으로 들어갈 때였습니다. 베트남에서 국경을 넘어 중국의 쿤밍으로 가는 기차를 타야 했습니다. 중국 돈이 하나도 없어 표를 사기 위해서는 환전을 해야 했습니다. 하지만 그 날이 마침 휴일이어서 문을 연 환전소를 찾을 수 없었습니다. 어쩔 줄 몰라 헤매다가 중국 여자 공안을 만났습니다.

중국 공안에 대한 선입견 때문에 조금은 두려운 마음으로 말을 건넨 게 무색하게 이 공안은 아주 친절했습니다. 다정한 어투로 문을 연 환전소를 알려 주더니 조금만 기다리라고 합니다. 잠시 후 안에서 나오는데 손에 오렌지가 들려 있습니다. 그러더니 수줍게 웃으며 저한테 먹으라고 건네 주는 게 아닙니까. 아마도 제가 좀 지쳐 보였다 봅니다. 아무튼 이 일로 인해 방금 입국한 중국이 마구 좋아졌습니다.

이 세상에는 정말 선량한 사람들이 많이 있습니다. 하지만 분명한 사실은 그들에게도 하나님의 은혜가 필요하다는 것입니다. 그들 역시 예수 그리스도의 복음이 필요합니다.

이런 장면을 꿈꿔 봅니다. 지나가는 나를 붙잡고 맛있는 애플티에 빵까지 싸 주었던 터키 난민촌 사람들이, 먼 길까지 동행하며 나를 도와 주었던 테헤란의 그 사람이, 길을 가르쳐 주고 수줍게 오렌지를 건네던 중국 여자 공안이 마지막 날 흰 옷을 입고 손에 종려가지를 든 채 보좌를 함께 바라보며 터키어로, 이란어로, 중국어로 함께 외치는 것입니다.

"구원하심이 우리 하나님과 어린 양께 있도다!"
"구원하심이 우리 하나님과 어린 양께 있도다!"

우리는 세계 선교의 꿈을 놓지 않아야 합니다. 세계 선교의 비전을 붙잡아야 합니다. 어떻게 하는 것이 더 좋은 방법일지, 어떻게 선교사들을 돕는 게 더 효율적일지 여러 의견이 있을 수 있습니다. 다만 이 모든 논의가 하나님의 꿈을 이뤄 나가는 데 목표를 두어야 합니다. 이것이 교회를 향한 하나님의 비전이고, 하나님의 꿈이기 때문입니다.

• 교회에 관한 추천 도서 •

여러 조직신학 서적에서 다루는 교회론을 보면 크게 네 부분으로 구분되어 있습니다.

1. 교회의 본질
2. 예배
3. 성례
4. 직분과 사역

〈단단한 기독교〉 시리즈의 특성상 한 권에 이 모든 내용을 다룰 수 없습니다.

이 책 〈교회란 무엇인가?〉는 교회의 본질에 대해 말하는 책입니다. 교회론의 나머지 다른 부분에 대한 내용은 이미 〈단단한 기독교〉 시리즈를 통해 독자들에게 소개되었습니다. 이 책을 포

함해 〈단단한 기독교〉 시리즈로 출간된 다른 책들을 함께 보면 교회론 전반을 이해하는 데 큰 도움이 될 것입니다.

    이상훈, 〈세례, 예식에서 복음으로〉
    조호진, 〈예배, 이 땅에서 하늘을 누리다〉
    이성호, 〈직분을 알면 교회가 보인다〉
    이성호, 〈예배를 알면 교회가 보인다〉
    이성호, 〈성찬, 배부름과 기쁨의 식사〉